TRUCOS PARA SUS MASCOTAS

TRUCOS PARA SUS MASCOTAS

Alejandra Cukar

Copyright © EDIMAT LIBROS, S. A.
C/ Primavera, 35
Polígono Industrial El Malvar
28500 Arganda del Rey
MADRID-ESPAÑA

ISBN: 84-9764-529-4
Depósito legal: M-1080-2005

Colección: Trucos
Título: Trucos para sus mascotas
Autor: Alejandra Cukar
Coordinación de la obra: Servicios Integrales de Comunicación
Olga Roig
Asesores: Luisa Cantarín, Lucía Domingo, Elisenda Gracia,
Ana Ibáñez, Maribel Lopera, Dionisio Trillo
Redacción y documentación: Patricia Bell, Adriana Magali,
Lydia Shammy, Eva Shongart, Yosano Sim
Corrección: F.M. Letras
Concepción gráfica: CKR Diseño

Diseño de cubierta: Alexandre Lourdel
Impreso en: COFÁS

IMPRESO EN ESPAÑA – *PRINTED IN SPAIN*

ÍNDICE

INTRODUCCIÓN   9

CAPÍTULO 1: MASCOTAS: UNO MÁS EN LA FAMILIA   11

LAS VENTAJAS DE LAS MASCOTAS   12

UNA MEJORA EN NUESTRO ESTILO DE VIDA   13

UNA CUESTIÓN DE HÁBITOS   14

ANIMALES SILVESTRES COMO MASCOTA: UNA MALA ELECCIÓN   18

CONSEJOS PARA ELEGIR UNA MASCOTA FAMILIAR   19

UNA MASCOTA COMO TERAPIA   21

ANTES DE COMPRAR O ADOPTAR UNA MASCOTA...   22

CAPÍTULO 2: QUÉ MASCOTA ESCOGER   25

LA MASCOTA MÁS CONVENIENTE   26

LOS PERROS: VENTAJAS Y DESVENTAJAS   29

LOS GATOS: VENTAJAS Y DESVENTAJAS   31

LAS AVES: VENTAJAS Y DESVENTAJAS   34

ANTES DE ESCOGER UN LORO...   35

PECES: VENTAJAS Y DESVENTAJAS   37

LAS AVES COMO MASCOTAS   41

REPTILES: VENTAJAS Y DESVENTAJAS   42

ANIMALES EXÓTICOS: VENTAJAS Y DESVENTAJAS   44

LOS PECES QUE PODEMOS ELEGIR   45

CAPÍTULO 3: UNA MASCOTA EN NUESTRA VIDA   51

LA ADOPCIÓN   52

LA ACOGIDA TEMPORAL   53

EL APADRINAMIENTO   54

LA DECISIÓN DE COMPRAR   54

MEJOR, ADOPTAR DESPUÉS DE LAS FIESTAS — 55

LOS INCONVENIENTES DE COMPRAR UN CACHORRO EN UNA TIENDA — 56

CÓMO ENCONTRAR UN BUEN CRIADOR — 57

EL RECURSO DE INTERNET — 58

LAS PARTICULARIDADES DE UN REPTIL — 60

CÓMO ENCONTRAR AL ADOPTANTE IDEAL — 61

CAPÍTULO 4: LOS PERROS — 65

CÓMO SUJETAR A UN CACHORRO — 66

LOCALIZANDO UN LUGAR ADECUADO — 67

LA HIGIENE DEL HÁBITAT — 67

LA HIGIENE DEL ANIMAL — 68

EL CEPILLADO — 68

¿DENTRO O FUERA? — 69

EL BAÑO — 70

EL KIT DE BELLEZA — 71

LIMPIEZA DE OREJAS, OJOS Y DIENTES — 72

LA HIGIENE EN LA CALLE — 74

LA ALIMENTACIÓN — 75

LA EDUCACIÓN: NORMAS BÁSICAS — 76

PRINCIPALES ENFERMEDADES — 79

LAS PRIMERAS MEDIDAS CONTRA LOS PARÁSITOS — 80

RIESGOS Y ACCIDENTES — 81

DE VIAJE — 84

PRIMERO AUXILIOS — 85

CAPÍTULO 5: LOS GATOS — 89

LOCALIZANDO UN LUGAR ADECUADO — 91

LA HIGIENE DEL HÁBITAT — 92

LA HIGIENE DEL ANIMAL — 93

LA ALIMENTACIÓN — 95

QUÉ NO DEBE COMER — 96

CUIDADO CON LA OBESIDAD	97
EDUCACIÓN: NORMAS BÁSICAS	97
LAS PRINCIPALES ENFERMEDADES	99
Trastornos digestivos	100
PROBLEMAS DE PIEL Y PELO	101
LAS ENFERMEDADES INFECCIOSAS	101
Los parásitos	102
Parásitos externos	103
Riesgos y accidentes	104
DE VIAJE	105
LAS CLAVES DEL TRANSPORTE	106
JUGAR Y COMPARTIR	107
EL LENGUAJE DEL CUERPO	109

CAPÍTULO 6: LAS AVES — 111

LOCALIZANDO UN LUGAR	112
FACILITAR LA MUDA	115
HIGIENE DEL HÁBITAT	116
HIGIENE DEL ANIMAL	116
ALIMENTACIÓN	117
LA IMPORTANCIA DEL GRIT	117
EDUCACIÓN: NORMAS BÁSICAS	120
LAS CLAVES DEL HABLA	123
PRINCIPALES ENFERMEDADES	124
LAS ENFERMEDADES DE LOS CANARIOS	124
CONSEJOS DE SALUD	127
DE VIAJE	130

CAPÍTULO 7: REPTILES — 131

LOCALIZANDO UN LUGAR PARA EL ANIMAL	132
HIGIENE	134
ALIMENTACIÓN	136

PRINCIPALES ENFERMEDADES 137

AL VETERINARIO 139

CAPÍTULO 8: ROEDORES Y PEQUEÑOS MAMÍFEROS 141

EL HÁMSTER 141

HIGIENE DE LOS ROEDORES: CUIDADOS BÁSICOS 143

LA COBAYA 144

EL HURÓN 145

EL CONEJO 146

LAS ENFERMEDADES DE LOS CONEJOS 147

EL ERIZO ENANO 148

CAPÍTULO 9: LOS PECES 151

LOCALIZANDO UN LUGAR PARA EL ANIMAL 153

LA HIGIENE DEL ACUARIO 155

LA UBICACIÓN DEL ACUARIO 155

LA ALIMENTACIÓN 157

PRINCIPALES ENFERMEDADES 157

DE VIAJE 159

INTRODUCCIÓN

Los animales han estado junto al hombre desde siempre. Como compañía, como productores de alimentos, como fuerza e, incluso, como objetos de adoración, distintas especies han vivido a nuestro lado en diferentes épocas y culturas. Hoy, además de conservar algunos de esos lugares, los animales han pasado a formar parte de nuestra vida como seres a quienes darles nuestro cariño, afecto y cuidado. Son las mascotas.

Desde el momento en que entran a nuestra casa, movilizan todo el hogar, porque requieren cuidados que no podemos negarles. Pero también movilizan sentimientos, porque una mascota en casa no le es indiferente a nadie. Encariñarse con la mascota que hayamos escogido no se puede evitar: estaremos pendientes de ella para enseñarle, para ver sus progresos, para cuidarla y, en definitiva, para darle nuestro cariño.

¿Quién no se enternece al ver cómo un perrito le da la mano a su dueño? ¿O cómo no sucumbir a la tentación de acariciar el pelaje de un gatito que se cuela por nuestras piernas? Las mascotas, evidentemente, no son un simple objeto de decoración o de juego. Son mucho más que eso, y todos los que han tenido una en su casa lo saben.

A pesar de las enormes ventajas que implica tener una mascota en el hogar (compañía, contacto con la naturaleza, socialización e, incluso, para los niños, desarrollo del sentido de la responsabilidad), son muchos los que todavía no se han animado. A veces nos parece que no seremos capaces de cuidarla, que nuestras múltiples obligaciones no nos permitirán disfrutar de ella, o creemos que nuestra casa no es apta para la mascota que queremos. Sin embargo, hay una mascota ideal para cada persona.

Por supuesto, no es lo mismo criar a un San Bernardo que tener un acuario, por ejemplo. Nos requerirán diferentes grados de esfuerzo y de compromiso, y nos darán una respuesta distinta. A la hora de elegir una mascota, entonces, hemos de tener en cuenta diferentes factores, y no encapricharnos con una mascota determinada. Todos los animales pueden recibir nuestro cariño.

Cuando decidimos tener una mascota en casa, no es suficiente con ir a la tienda y comprarla. Debemos estar preparados, tanto nosotros como nuestra familia y, también, nuestra casa. Además, no podemos olvidar que se trata de un ser vivo, así que las improvisaciones no están permitidas. Es necesario conocer qué tipos de mascota podemos tener según nuestras actividades y posibilidades, tanto de espacio como de tiempo. Además, debemos tener algunas ideas básicas acerca de cómo cuidarlas, qué tipo de hábitat necesitan, qué comen, cómo podemos jugar con ellas o entrenarlas y, también, qué enfermedades pueden tener, de manera que podamos cuidar su salud y la de nuestra familia.

Para todos aquellos que cuidan una mascota en casa y no tienen claros algunos aspectos de su cuidado, para los que nunca han tenido una mascota y quieren iniciarse en este fascinante mundo, y para quienes ya tienen animales pero están buscando ampliar la familia; para todos ellos es este libro. Una guía que les ayudará a desenvolverse mejor a la hora de elegir la mascota, de llevarla a casa, de prepararle su lugar, de favorecer su crecimiento sano y feliz y, en definitiva, de disfrutar de su animal de compañía.

01

MASCOTAS: UNO MÁS EN LA FAMILIA

Estamos acostumbrados a contar que la familia está formada por los padres, los hijos, tíos, abuelos y sobrinos. O, incluso, sólo por padres e hijos, que son quienes normalmente comparten un hogar. ¿Pero no nos olvidamos de nadie? Cuando llegamos a casa por la noche después de trabajar, hay alguien que siempre nos recibe, aunque sea a su manera: la mascota de la familia.

Quienes no han tenido nunca una en casa quizá no lleguen a dimensionar de qué estamos hablando. Los que hayan convivido con un animal en algún momento de su vida, seguramente se sentirán identificados y estarán recordando alguna anécdota con una sonrisa. Es que los animales en el hogar no son un objeto: desde el momento en que pisan nuestra casa, se convierten en un integrante más de la familia, con todo lo que ello implica.

Y no estamos hablando sólo de los cuidados que hay que darle, sino también del afecto que hemos de entregarle y que, seguramente, recibiremos. Una mascota en nuestra casa nos movilizará en cuestiones organizativas, pero también en un nivel sentimental. Nos alegraremos con cada logro (insignificante para los demás, un gran paso para nosotros), nos preocuparemos por cualquier contratiempo de su salud e, incluso, nos enojaremos un poco cuando cometa alguna «travesura», en el caso de perros o gatos, como romper un jarrón o hacer un hoyo en el jardín.

Por eso (y por muchas otras razones que iremos viendo), la entrada de una mascota en la familia no es una decisión que se tome a la ligera. Requiere reflexión, proyección y, sobre todo, un deseo real y duradero.

Más allá de las prevenciones, que las hay y muchas, tenemos que señalar que la presencia de una mascota en el hogar tiene muchísimos aspectos positivos. Los estudios indican que es buena para la salud de quienes conviven con ella, y representa una buena compañía para todos los miembros de la familia de cualquier edad y características personales.

LAS VENTAJAS DE LAS MASCOTAS

Tener una mascota es, sin duda, una forma de garantizarnos compañía, cariño y, también, una buena manera de sentirnos útiles para alguien. «Muchas personas de edad las tratan como si fueran sus hijos o nietos, ya que les hacen sentirse útiles en la medida que demandan sus cuidados. Algunas veces las mascotas sustituyen a seres queridos que han dejado el hogar. La mascota se convierte en una agradable compañía que genera entretenimiento y deseos de vivir», afirma el psicoterapeuta Marcelo Galvany.

Investigadores expertos en conducta animal han demostrado que, por ejemplo, los perros poseen sentimientos y emociones, memoria asociativa, sentido del espacio y del futuro, capacidad de comunicación y de espera, personalidad individual y colectiva, y hasta sentido moral.

Quizá son éstas las razones por las cuales entre hombre y mascota se desarrolla una relación afectiva generalmente muy armónica que convierte a un animal doméstico en un amigo, un confidente y, en muchos casos, en un liberador de estrés, ya que aporta a su dueño beneficios en todos los órdenes: psicológico, social, físico y espiritual.

Siguiendo con el ejemplo de los perros, está establecido que acariciarlos satisface la necesidad humana de contacto y desvía la atención que en un momento dado se le puede estar prestando a una situación de dolor o aflicción física o espiritual. El secreto, en este caso, está en el acto de acariciar su pelo, por lo que el ejemplo también se aplica a los gatos.

UNA MEJORA EN NUESTRO ESTILO DE VIDA

El estrés, la soledad, la ansiedad o la baja autoestima son, hoy en día, palabras que están en boca de todos. Y no es por casualidad. El ritmo de vida que llevamos nos acarrea, en muchos casos, sentirnos cansados, deprimidos, agobiados.

Las mascotas, está demostrado, son capaces de combatir estos síntomas mejor que muchas pastillas o tratamientos.

Claro que tal solución no es para todo el mundo, pues tener una mascota implica no sólo cariño, sino también bastante responsabilidad y tiempo, además de un verdadero gusto por el animal que tengamos.

Pero después de que ha sido comprobado por psicólogos y psiquiatras, es innegable que el tener un animalito de amigo puede hacer la vida más feliz y llevadera, y puede provocar sensaciones,

LA OPINIÓN DEL EXPERTO

«Desde un punto de vista físico, la acción de acariciar de forma repetida, tanto a un perro como a un gato, disminuye la ansiedad y permite reducir la hipertensión arterial y el ritmo cardíaco en condiciones de estrés.»

Marcelo Galvany
Psicoterapeuta

como ser una persona querida y así llenar unas cuantas necesidades afectivas.

Ahora bien, lo más interesante es que no sólo nos hacen sentir mejor emocionalmente, sino que incluso el tener mascotas puede hacernos más sanos y puede volvernos mejores personas.

▸ Para los pacientes con hipertensión, la mejoría es notable, pues, por alguna razón no descubierta, la compañía de los animalitos genera una baja en la presión. De igual forma, aquellos con enfermedades coronarias o problemas cardíacos ven aumentadas sus posibilidades de sanar y de tener una vida más larga.

▸ En ancianos o personas con problemas mentales, las mascotas les provocan mayor tranquilidad y disminuyen la sensación de aislamiento que la mayoría de estas personas sufre.

▸ En el caso de los niños, las ventajas son muchas pues, además de representar compañía y de enseñarles la responsabilidad de cuidar a alguien que depende totalmente de ellos, también les ayuda a desarrollar un sentido de empatía que puede ser transferido a las personas, y los hace menos violentos.

El factor salud, sin embargo, no es el único a tener en cuenta. El vínculo que se forma entre los animales y el ser humano es muy fuerte y es, en muchos casos, uno de los pocos lazos directos de contacto con la naturaleza, y por eso llenan de vitalidad y de calidez el mundo de su dueño.

UNA CUESTIÓN DE HÁBITOS

Sin embargo, como decíamos, no todo el mundo está en condiciones de tener un animal en su casa. Las costumbres de una familia o de una persona que vive sola o en pareja no siempre son las adecuadas para recibir a un animal, y pueden llegar a ser incompatibles con las de la mascota.

Por ejemplo, si nos gusta salir por la noche y no regresamos a casa en todo el día, o disfrutamos caminando bajo la lluvia, un perro nos va a molestar bastante, pues sus cuidados implican ir a darle de comer por la noche, o sacarlo a pasear cada día, llueva o haga sol.

O, si elegimos un gato, tendremos que soportar ver bolas de pelo en las esquinas de la casa, aunque nos empeñemos en sacarlas cada día. Por eso, un gato puede no ser la mejor mascota para una persona amante de la limpieza. La gran ventaja que tienen, como veremos, es que no requieren tanta atención, así que, si somos demasiado independientes y no estamos mucho tiempo en casa, pueden ser una buena opción.

Por supuesto, el perro y el gato no son las únicas opciones. Un pájaro o un pez, e incluso un reptil, tienen una forma de vida completamente diferente, requieren otro tipo de atenciones y son, sin duda, las mascotas más indicadas para personas que no buscan tanto contacto físico pero sí cierta independencia y libertad, además de compañía.

Lo importante es que, antes de decidirnos a incorporar una mascota en la familia, tengamos en cuenta que no cualquiera se adapta a nuestro estilo de vida. Una buena convivencia será clave tanto para el animal como para nosotros.

Muchas veces, la presencia de una mascota en nuestro hogar se debe a un deseo por complacer un capricho de nuestros hijos, o una forma de sentirnos acompañados cuando estamos solos en nuestro hogar. Pero una mascota requiere nuestros cuidados y nuestro amor. Es importante, entonces, plantearnos algunos temas antes de decidir.

▸ Las alergias en la familia. Si nosotros o algún miembro de la familia es alérgico a los animales, es preferible no traerlos a vivir a casa; de esta forma evitaremos problemas de salud y un posible rechazo hacia nuestra mascota. En ese caso, lo mejor es consultar a un especialista para que nos aconseje qué tipo de animal sí podríamos tener. Pero si nos dimos cuenta demasiado tarde, lo mejor será que lo tengamos alejado de nuestras habitaciones, alfombras y muebles. De esta forma evitaremos vernos gravemente afectados.

▸ El consenso familiar. Antes de cualquier decisión, es preciso pensar detenidamente qué tipo de mascota queremos en casa (perro, gato, pez, etc.). Siempre debemos tener en cuenta que la decisión no puede ser tomada por una sola persona, sino por toda la familia. De esta forma, sin importar el tipo de animal escogido, todos se involucrarán en el cuidado de la nueva mascota, y ella no sentirá el rechazo de algún miembro de la familia.

▸ El tamaño adecuado. Por lo general, todos los animales, cuando tienen pocas semanas de nacidos, lucen tan pequeñitos, tan tiernos, tan dulces y tan indefensos, que si nos dejamos llevar por nuestros sentimientos, podríamos sufrir una terrible sorpresa cuando alcancen su vida adulta. Por ejemplo, un dulce y pequeño cachorrito podría ser en su vida adulta un rudo e imponente perro de más de 70 kilos, como es el caso de un San Bernardo.

▸ El espacio en el hogar. Por supuesto, el hecho de que un San Bernardo pueda llegar a pesar 70 kilos no significa que debamos descartarlo. Si tenemos una casa de algunos cientos de metros cuadrados, con parque o terraza, nada nos impide tenerlo. Pero si vivimos en un piso de 50 o 70 metros, donde ya habita más de una persona, debemos adaptar nuestros gustos a las posibilidades reales.

▸ La previsión de costos. Todas las clases de mascotas necesitan un cuidado, que no sólo se reduce a darles de comer (algo que de por sí puede ser caro en el caso de ciertos animales). También habrá que pensar en gastos de veterinario, vacunas, peluquería, mantenimiento de la jaula o del sitio donde le armemos su hogar, etc. Por eso, antes de decidirse por una mascota o por otra, conviene asesorarse para hacer una previsión de gastos y determinar si seremos capaces de afrontarlos durante los próximos diez o quince años.

▸ La adaptación al entorno. Los animales que no son oriundos de la zona donde vivimos no siempre tienen tanta capacidad de adaptación; por ello es necesario averiguar a qué temperatura y humedad debe vivir el animal, y analizar si estamos en condiciones de proporcionárselo.

En el caso de las mascotas con pelo, debemos considerar si su pelaje es el apropiado para el clima en el que va a vivir y para los gustos de cada miembro de la familia. Muchos animalitos, en sus primeras semanas de vida, poseen un pelaje corto, pero al llegar a su etapa adulta su pelaje se vuelve largo, lo cual implica una

LA OPINIÓN DEL EXPERTO

OTROS PUNTOS A TENER EN CUENTA

▸ ¿Cómo se comportará el animal escogido en las diferentes etapas de su vida?

▸ ¿Conocemos qué tipo de enfermedades puede contraer o transmitir a los seres humanos?

▸ ¿Qué implicaciones puede tener la adquisición de una hembra o de un macho como mascota?

▸ ¿El animal seleccionado tiene la edad necesaria para separarse de su mamá y hermanos?

▸ ¿Podemos ofrecerle un ambiente adecuado, lleno de cuidados y amor?

mayor caída del mismo y un cuidado constante para evitar que se le enrede.

▸ El dilema de las responsabilidades. Cuando se decide incorporar una mascota en la casa, seguramente todos los miembros de la familia (incluidos los más pequeños) juran que se ocuparán de sacarlo a pasear o de darle de comer. Sin embargo, suele ocurrir que no todos cumplen sus promesas. Es recomendable, entonces, contar que probablemente seamos nosotros quienes nos tengamos que ocupar a diario del aseo y la alimentación de la mascota.

▸ La preparación para la despedida. Al incorporar un animal a nuestra familia tenemos que pensar siempre que, inevitablemente, la vida del animal será más corta que la nuestra. Su muerte puede causar experiencias dolorosas para toda la familia, a menos que estemos preparados para que ello ocurra.

ANIMALES SILVESTRES COMO MASCOTA: UNA MALA ELECCIÓN

En muchas ocasiones, nos sentimos atraídos por la belleza y rareza de los animales silvestres, y nos vemos tentados a tener uno en casa. Sin embargo, probablemente no nos estemos dando cuenta del daño que le hacemos a ese animal y al medio ambiente en donde vive.

Al retirar de su medio ambiente a un animal silvestre, estamos disminuyendo los miembros de esta especie que se encuentran en libertad, aumentando el riesgo de extinción, ya que las posibilidades de realizar su reproducción en cautiverio son escasas. La extinción de una especie afectará a una larga y compleja cadena alimenticia, lo cual puede desencadenar en la extinción de miles de otras especies.

Por otro lado, el desconocimiento de los hábitos alimenticios, la dificultad para obtener el tipo de alimento que ellos consumen y el sinfín de enfermedades que pueden transmitir o contraer, podría hacer que la salud de ese animal y la de nuestra familia se vean afectadas.

Por último, debemos señalar que al comprar un animal silvestre estamos financiando, de alguna forma, a grupos de personas que se dedican al contrabando de cientos de animales en cajas, en muy malas condiciones, con el único propósito de lucrarse con ellos.

CONSEJOS PARA ELEGIR UNA MASCOTA FAMILIAR

1. Cuando vayamos a adquirir una mascota, nos informaremos previamente sobre las características y necesidades específicas de la raza o especie que estemos considerando. Si hacemos una elección impulsiva podemos lamentarnos durante años o sufrir por la pérdida de la mascota.

2. El aspecto y comportamiento específicos de cada raza o especie tienen su razón de ser. Saber escoger cuál es la adecuada es el primer paso. Por ejemplo, entre los perros hay algunos que son agresivos por su naturaleza de cazadores, y a menudo muestran la misma tendencia hacia las personas. Otras razas son, por instinto, mejores con los niños. En cualquier caso, lo mejor es hacer una consulta con el veterinario.

3. Algunos animales se adaptan fácilmente y se pueden educar, otros no. Ningún animal nace sabiendo lo que queremos o cómo vivir en un nuevo entorno. Tenemos que educarlo, y para ello hace falta tiempo y paciencia.

4. Es recomendable visitar una «clase para cachorros» o una tienda especializada donde recabar información. Cuanto más sepamos sobre las diferentes posibilidades de animales, mejor podremos realizar una elección.

5. Al seleccionar una mascota, lo primero que debemos hacer es un análisis de las posibilidades que nos da nuestra vivienda. Los perros

grandes necesitarán más espacio para hacer ejercicio dentro y fuera de la casa. Es necesario que los perros tengan algún tipo de sistema de retención fuera de la casa, una valla o una correa. Los gatos puede mantenerse dentro de la casa fácilmente, eliminando así la necesidad de hacer adaptaciones en el exterior. Si no contamos con espacio, tenemos que considerar la posibilidad de una mascota como un ave o un pez, que necesitan un espacio acotado y reducido.

6. Otro aspecto a tener en cuenta es nuestro horario y estilo de vida, así como el de los demás miembros de la familia. Los perros requieren mucha más atención que los gatos, pájaros, peces, mascotas de bolsillo o reptiles enjaulados. Los perros necesitan salir para ejercitar y hacer sus necesidades, al contrario que otras mascotas. Si no les proporcionamos este paseo, los perros pueden causarnos grandes problemas en el hogar.

7. Hay que evaluar cuidadosamente los costes de mantenimiento y las responsabilidades que conlleva tener una mascota. Para ello, podemos consultar a amigos que tengan mascotas similares, ir a tiendas especializadas o preguntarle a un veterinario. Una vez que tengamos un presupuesto estimativo, hablaremos con los demás miembros de su familia sobre estas necesidades y consideraremos los efectos que este nuevo inquilino tendrá sobre los demás miembros de la familia.

8. Visitar una asociación benéfica o un centro para el cuidado y control de animales no es una opción para descartar. Sin embargo, debemos tener en cuenta que las mascotas adultas han adquirido ya muchos de sus buenos y malos hábitos, a los que tal vez tendremos que enfrentarnos. Los malos comportamientos normalmente se pueden corregir si se hace con paciencia y técnicas adecuadas. Además, estas mascotas son las más necesitadas de un buen hogar.

UNA MASCOTA COMO TERAPIA

En los Estados Unidos existen más de dos mil programas que utilizan animales con fines terapéuticos. En el Reino Unido existen más de cinco mil perros que visitan periódicamente los hospitales donde se atienden enfermos mentales o terminales, ayudándoles a mejorar su calidad de vida.

Muchas veces, la necesidad de una mascota no surge como un simple deseo de tener contacto con un animalito, sino por causas más profundas. Carencias afectivas por una desvinculación familiar, la desaparición de seres queridos o amigos, pueden convertirse en un vacío que termina generando ansiedad, frustración y sensación de inutilidad. Este sentimiento de soledad hace que algunas personas intenten la búsqueda de un vínculo afectivo con los animales, y encuentran en ellos los compañeros más preciados que los hacen sentirse valorados, respetados y queridos.

Esta necesidad, manifestada por el hombre, ha servido de base para el empleo de los animales con fines terapéuticos. El uso de diferentes tipos de mascotas para los tratamientos cobró empuje a partir de los años 60, cuando el psicólogo neoyorquino Boris Levinson describió la larga lista de beneficios psicológicos de los animales de compañía en las terapias con niños, para facilitar la relación con el médico y mejorar la comunicación familiar, al introducirlos en el hogar.

«En las últimas dos décadas, la terapia asistida por animales ha sido empleada eficazmente en pacientes coronarios, psiquiátricos, hospitalizados, jóvenes perturbados emocionalmente, internos penitenciarios y personas de avanzada edad. Es así como se han obtenido a través de ellos resultados positivos en personas que requerían afecto y aceptación incondicional, en la satisfacción de necesidades vitales emocionales, y en la disminución del sentimiento de soledad y del rechazo hacia la sociedad», explica Isabel Bouzas, psicoterapeuta clínica y especialista en terapia asistida con animales.

ANTES DE COMPRAR O ADOPTAR UNA MASCOTA...

Los animales pueden ser algo maravilloso en nuestra vida, pero antes de tomar una decisión, podemos dedicar un tiempo para pensar y contestarnos, con total sinceridad, las siguientes preguntas:

▸ ¿Estoy preparado para aceptar a esa mascota por el resto de mi vida?

▸ ¿Sé lo suficiente sobre la mascota que quiero adoptar, sus necesidades y características?

▸ ¿El espacio en el que vivo sería un lugar adecuado para mi nueva mascota?

▸ ¿Me permiten tener mascota en donde estoy viviendo? ¿Y qué ocurrirá si me mudo?

▸ ¿Cómo se llevará mi nueva mascota con las que ya tengo?

▸ ¿Estoy preparado para soportar todos los gastos de veterinario, comida y gastos que representa tener una mascota?

▸ ¿Tengo el tiempo necesario para cuidarlo y educarlo?

▸ ¿Qué haré con él cuando vaya de vacaciones? ¿Quién podría cuidarlo? ¿Dónde lo dejaría? ¿Cuánto me costaría?

▸ Si adopto un cachorro, ¿estaré preparado para aceptar la cantidad de destrozos y mordisqueos en la temporada de muda de dientes?

▸ ¿Tendré paciencia para educarlo y no maltratarlo cuando escarbe un hoyo en el jardín o rompa las macetas?

▸ ¿Tendré paciencia y disciplina para corregir los malos hábitos de mi mascota?

▸ ¿De dónde sacaré el tiempo para entrenarlo o el dinero para mandarlo a entrenar?

▸ Después de un día largo y pesado, ¿estaré dispuesto a tener la energía necesaria para sacarlo a pasear, jugar y dedicarle tiempo en cariño y cuidados?

En su consulta, los perros mejoran sus resultados con los pacientes, ya que son capaces de detectar cuándo una persona tiene la adrenalina elevada o está temerosa por algo. Generalmente los suele emplear en problemas emocionales, duelos, bloqueos, obsesiones, separaciones, etcétera.

Pero su terapia con animales no se queda en los perros. «Voy improvisando, veo que unos animales son más adecuados para determinadas personas.» Por ejemplo, «los gatos son útiles para las personas estresadas o las que presentan ataques de pánico. Este animal es muy relajado, va a su aire y da afecto cuando la otra persona empieza a relajarse. A una ama de casa con varios hijos y estresada podría irle muy bien un canario. Depende de lo que observe en cada paciente, así recomiendo una u otra cosa», explica Bouzas.

Algo similar ocurre con las tensiones dentro de las familias, que pueden ser tratadas con la terapia de las mascotas. Los animales domésticos reducen la agresividad y la rabia y mejoran las relaciones, porque con un animal es casi imposible no establecer una comunicación. Esta psicoterapeuta los utiliza en su consulta porque son un aliado a la hora de establecer un diagnóstico. «Según cómo se comporte la persona con el perro o gato, así puedo observar algunos problemas que de otro modo, sin tener a la mascota en casa, seguramente observaríamos que tardarían más en manifestarse», dice.

Cuando el perro está presente en la misma habitación con el paciente y el psicólogo, el proceso terapéutico se produce más rápidamente y la ansiedad se reduce, algo que se comprueba al medir el ritmo cardiaco y la tensión arterial. Además, los animales en la consulta fomentan el sentido del humor y ayudan a eliminar los mecanismos defensivos de ocultación como la agresividad, el miedo, la rabia o la tristeza que tienen algunos pacientes. En algunos casos, como la terapia que se realiza con caballos, hay un elemento benéfico extra: el contacto con un entorno natural.

LA OPINIÓN DEL EXPERTO

«Para los niños, las mascotas prestan una enorme contribución en el desarrollo de la autoestima, de su personalidad y seguridad en sí mismos. El empleo de perros, gatos y otros animales en los tratamientos de niños con trastorno deficitario de la atención, de hiperactividad y de conducta, de autistas y otros con problemas de comunicación, ha reportado una disminución significativa del aislamiento y un aumento de la respuesta social.»

Isabel Bouzas
Psicoterapeuta clínica y especialista
en terapia asistida con animales

02

QUÉ MASCOTA ESCOGER

Cuando hemos decidido, después de hablarlo con los demás miembros de la familia y luego de haber evaluado las ventajas y desventajas, tener una mascota, llega la etapa de la selección. No estamos hablando de hacer un casting ni nada por el estilo: simplemente, de evaluar qué tipo de mascota queremos y podemos tener en casa.

Evidentemente, no es lo mismo llevar un canario a casa que un perro o una iguana. Y no sólo por una cuestión de gustos: lo que nos puede dar cada uno de ellos es muy diferente, y también es distinto el grado de atención y compromiso que exigen. Por eso, la decisión no puede pasar nunca por un capricho, sino por una meditación consciente de qué animal va mejor con nuestro estilo de vida.

El primer paso es analizar bien qué estamos buscando, cuáles son nuestras motivaciones a la hora de tomar la decisión de incorporar un nuevo integrante a la familia. Si lo que queremos es un compañero para la vida cotidiana, un guardián de la casa, un ser bello para observar distraídamente, un colega para paseos por la naturaleza, o si estamos pensando en un amigo para los niños o incluso para nuestros padres. Porque un perro nos acompañará en nuestros paseos con entusiasmo, pero si nos encantan las películas en casa o somos lectores empedernidos, no hay nada mejor que un gato. Claro que si lo que queremos es despertarnos con el canto de un pájaro por las mañanas, aunque vivamos en plena selva de cemento, un canario será la, mejor opción.

La elección cuidadosa de la clase de animal que queremos, y también de la raza, es fundamental. Las mascotas, en definitiva, son como los humanos: no es lo mismo el carácter de un caribeño que el de un nórdico, un chino o un ruso, y no es igual un doberman que un San Bernardo.

No podemos decir, desde estas páginas, si un animal conviene más que otro a la hora de adoptarlo como mascota, por una sencilla razón: lo que es válido para una persona, puede no serlo para otra. No todos tenemos las mismas necesidades, los mismos gustos ni las mismas posibilidades. Por eso, el lector será quien, en definitiva, tendrá que tomar la decisión. Para ello, sin embargo, podemos darle determinadas pistas que le orientarán en su decisión.

Uno de los aspectos principales que deben pesar en la decisión es el entorno en que vivimos y que, a la vez, será el de nuestra mascota. El otro es nuestra forma de vida. Es decir, no es lo mismo si vivimos solos o con niños pequeños o adolescentes, si tenemos una vivienda grande o pequeña, con jardín o sin él, el tiempo del que disponemos, nuestras costumbres cotidianas, nuestra forma de ser y, también, nuestras limitaciones.

LA MASCOTA MÁS CONVENIENTE

No siempre es fácil dar con la mascota adecuada para cada persona. Si lo que buscamos es su integración en la vida familiar, deberíamos olvidarnos de compartir nuestra vida con un lagarto, una tortuga o un pez. Si, por el contrario, nos gustan los animales que van a su aire, y disfrutamos con tan sólo observarlos, podemos ir descartando al perro, al hurón o al caballo.

Algunas aves exóticas pueden ser muy aptas para la vida familiar si han sido criadas a mano en cautividad; o bien pueden no presentar aptitud alguna, si son ejemplares capturados en su hábitat natural.

Desde luego, cualquier clasificación es susceptible de variación en función de cada animal. Por ejemplo, un gato puede resultar cariñoso, apacible o nervioso, o una combinación de las tres cosas, según la situación en que se encuentre. Hay algunas razas de perros más apacibles que otras, algunas no son nada cariñosas, otras... El lugar donde vivamos nos ayudará a determinar qué tipo de animal doméstico podremos tener.

Para una persona mayor
Es importante que la persona mayor que va a adquirir un animal de compañía tenga en cuenta, antes de su elección, sus posibilidades para cuidarlo correctamente y disfrutar de una buena convivencia con él. Si el animal elegido es un perro, no es lo más adecuado guiarse por motivos estéticos o criterios de moda, sino que hay que buscar una raza que, por tamaño y carácter, se ajuste mejor a sus condiciones de vida.

En principio, no es muy aconsejable un perro de gran tamaño que pueda arrastrar a su amo cuando lo saque a la calle, a no ser que esté educado para caminar a su lado. Para la buena relación con el propietario, no siempre las razas más puras o apreciadas por su belleza son las que reúnen los mejores requisitos.

Para un niño
Depende mucho de la edad, pero en general la mascota ideal es el perro. Debe ser un compañero de juegos con un tamaño adecuado a la edad del niño. Los bebés de un año o año y medio pueden tener arranques bruscos de agresividad hacia el animal. Pueden apretarles, colgarse de ellos o abrazarles con demasiado ímpetu. Por tanto, es imprescindible que el animal sea tranquilo y que, en la medida de lo posible, no responda con brusquedad. Los gatos, al igual que los perros, son capaces de desarrollar un gran afecto, aunque por lo general lo entregan sólo a su amo.

Son muy apropiados para niños cariñosos y tranquilos, pues son animales a los que les gusta más recibir caricias que dar afecto. Deben ser animales tranquilos y que toleren bien la convivencia. El problema es que su piel provoca muchas alergias, y pueden ser un potencial peligro para las embarazadas, ya que transmiten el virus de la toxoplasmosis. Otras especies domesticadas, como aves, conejos, hámsteres, tortugas o peces, tienen menos posibilidades de interactuar y desarrollar afecto por sus amos, pero los niños igual se benefician de ellos, responsabilizándose de sus cuidados y disfrutando de sus cantos o gracias. En estos casos, es mejor que los niños no sean demasiado pequeños.

Para quienes viven en una casa con jardín

Las personas que viven en una vivienda unifamiliar con jardín disponen de un abanico de posibilidades muy amplio. Cualquier mascota puede ser el animal de compañía ideal, pero desde luego éste es el sitio ideal para un perro de tamaño grande que necesite espacio, que pueda desenvolverse a sus anchas y corretear por el jardín. Además, también puede ser muy útil en la custodia de la casa. El pastor alemán puede ser un buen ejemplo a tener en cuenta. Y el San Bernardo también.

Para los que viven en un piso

Esta elección es más compleja. Una vivienda de sesenta metros cuadrados no deja mucho espacio para otro inquilino más. Así que a la hora de elegir mascota conviene decidirse por algún animal de tamaño pequeño: un pájaro, una tortuga, un hámster, un gato. Si se trata de un perro, una buena opción puede ser un ejemplar de una raza que tenga un carácter tranquilo. Por ejemplo, un cooker.

Para quienes viven solos

Las personas que pasan mucho tiempo fuera de casa y dejan el hogar vacío durante gran parte del día, tienen algunas opciones menos. La que habrían de descartar, en principio, es la de un perro. Estos animales necesitan atención constante, y son capaces de provocar unos cuantos destrozos en la casa si se sienten solos. Por ello, lo ideal es escoger un animal independiente. Puede ser un gato, pero también un pez, un ave o un reptil, que no demandan muestras de cariño permanente y sólo necesitan cuidados básicos de alimentación, higiene y una periódica visita al veterinario.

LOS PERROS: VENTAJAS Y DESVENTAJAS

Es una de las opciones más clásicas, sobre todo porque son capaces de establecer una relación realmente cercana con todos los miembros de la familia. Además, las diferentes razas abren el juego a un sinfín de posibilidades. Claro que, si nos decantamos por un perro, tenemos ante nosotros un enorme abanico de preguntas a respondernos: ¿preferiríamos un cachorro o un adulto?, ¿una hembra o un macho?, ¿un mestizo o uno de raza?, ¿de tamaño pequeño, mediano o grande? Todas estas alternativas tienen ventajas y desventajas.

En principio, debemos evaluar nuestras necesidades. Hay quienes buscan un amigo de juegos para sus niños o simplemente un animal de compañía. Otros desean un perro guardián o un cazador para salir por el campo. Esto es lo primero que hay que preguntarse a la hora de adquirir un can. Luego, tenemos que evaluar qué le ofrecemos al perro. Para elegir una determinada raza y/o tamaño de nuestra mascota debemos tener claro qué le ofreceremos al nuevo integrante de la familia. Un departamento, una casa grande con jardín y cuánto tiempo le dediquemos, son factores que importan cuando hay que escoger a un can.

También es importante el carácter del perro, y para ello hay que fijarse en las características de cada raza, pues cada una tiene rasgos distintos que pueden ser claves para la buena convivencia dentro del hogar. Este último aspecto deberíamos siempre consultarlo a un médico veterinario antes de realizar la compra de la mascota.

Una primera clasificación que podemos hacer es entre perros mestizos y de raza. Los mestizos son en general perros más saludables, con un carácter más balanceado y más resistentes a muchas enfermedades. Ya han pasado por una especie de selección natural, y el hecho de ser híbridos les da una carga genética con mayores alternativas para enfrentar eventuales demandas, como enfermedades, infecciones, inclemencias climáticas, bajo aporte nutricional, etcétera.

Los perros de raza pura presentan más alta incidencia en algunas enfermedades, como, por ejemplo, displasia congénita de cadera en pastor alemán y labrador, sordera en dálmatas, enfermedades tumorales en bóxer, etc. Por otro lado, en el caso de los perros de raza, a través de cruzas repetidas se ha tratado de intensificar una característica, por ejemplo la agresividad o la capacidad para carreras largas, lo que puede representar una ventaja (si se vive en un medio donde el perro podrá desarrollar estas características), o una desventaja (si se vive, como la mayoría de nosotros, en una ciudad y el perro es una mascota de compañía). Ambos, mestizo y de raza, requieren las mismas vacunas y los mismos cuidados básicos. Pueden sufrir las mismas enfermedades parasitarias (pulgas, garrapatas, tenias), virales (parvovirus, distemper, etcétera), y bacterianas.

Otra cuestión que seguramente se nos planteará es la de escoger un cachorro o un adulto. Los primeros son más simpáticos o pueden parecer «muy tiernos» cuando llegan a casa, pero demandan mayor atención, tiempo y paciencia. Además, es probable que nos cueste un poco más mantener a un cachorro que a un perro adulto. Los cachorros necesitan varias vacunas durante el primer año de vida, y los adultos, una vez por año.

También tenemos que tener en cuenta que la «educación» de un cachorro puede llevarnos entre seis meses y un año, y que, como suelen querer comer cualquier cosa, es normal que aumente el riesgo de intoxicaciones, problemas digestivos, asfixias y obstrucción intestinal.

Los perros adultos son más fáciles de criar, pero hay que invertir más tiempo en construir una relación de confianza mutua, y a veces desterrar malos hábitos adquiridos en el pasado.

Otro dilema es la elección de una hembra o un macho. En general, los machos suelen ser de carácter más dominante y necesitan una mano firme. Son territoriales, por lo que puede haber problemas si conviven con otro macho. Esto podría representar un problema con los perros vecinos. Las hembras generalmente son más pacientes y gentiles con los niños, y a menudo son más dóciles y obedecen sin dificultad a su amo.

LOS GATOS: VENTAJAS Y DESVENTAJAS

Al igual que con los perros, uno de los principales puntos a tener en cuenta es qué nos motiva para tener un gato. Los especialistas distinguen entre tres fines distintos: el gato de utilidad, el de compañía o el destinado a la crianza.

El gato de utilidad

Ninguna otra especie animal ni procedimiento es tan efectivo en este campo como un gato ladrón: es paciente, discreto, silencioso y capaz de atrapar a su presa entre objetos frágiles y valiosos sin cometer un destrozo. En este caso, poco importa la raza o la calidad de su pedigrí, siempre que sea un buen cazador.

No obstante, por la comodidad de su mantenimiento, será preferible la elección de un gato de pelo corto. Muy efectivos en este terreno son los europeos atigrados y los siameses.

El gato de compañía

Si somos de las personas que pasan muchas horas del día fuera de casa, que disponen de poco tiempo libre o que viven en un piso pequeño, el animal de compañía ideal es sin duda el gato.

Pero, por supuesto, no deberíamos creer que por su carácter independiente será como tener en casa una figura de porcelana con la que estaremos libres de toda obligación: el gato, a pesar de todo, es un animal enormemente cariñoso y requiere una atención por parte de su amo y un control sanitario por parte de un veterinario.

En este caso, si no estamos dispuestos a pasar un buen rato cepillándolo cada día, no es aconsejable un gato de pelo largo, como tampoco si tenemos alfombras en la casa y no queremos verlas sucias. Entre las razas, la gama es muy amplia, y a veces hay muchas diferencias entre ellas en cuanto a carácter y aspecto. Además, cada gato es un mundo y la raza no predetermina un conjunto de aspectos inéditos e invariables en todos los individuos que la componen, más aún en el caso de una especie tan imprevisible como es el gato.

El gato de crianza

Cruzar nuestra gata doméstica y obtener una camada de simpáticos gatitos es sencillo. Pero si lo que realmente queremos es dedicarnos de una forma seria a la crianza y selección genética, requeriremos una experiencia y una gran cantidad de conocimientos técnicos que no se adquieren fácilmente.

Si lo que queremos es simplemente un gato que nos haga compañía cuando estamos en casa, debemos plantearnos una serie de interrogantes para determinar cuál es el más adecuado para nosotros. Porque, además de la raza, debemos evaluar si lo que nos conviene es un cachorro o un adulto, si un macho o una hembra.

Cachorros

Son graciosos, juguetones y, en general, fáciles de criar y educar. Según la edad que tenga cuando lo adoptemos, es probable que tengamos que vigilar especialmente su alimentación. Los cachorros necesitan varias vacunas durante el primer año de vida. Las hembras especialmente adquieren hábitos higiénicos precozmente, y son fácilmente entrenables para usar un baño químico, de arena o de serrín. Eso sí: no siempre es fácil reconocer el sexo de un gatito, es frecuente equivocarse, y tampoco es sencillo adivinar qué carácter tendrá de adulto; será el tiempo y la observación lo que nos servirá para determinarlo.

La ventaja de los gatos pequeños es que, si ya tenemos otras mascotas en casa, como perros, un gatito no tendrá dificultad en aceptar, convivir y hasta jugar con ellos.

Gatos adultos

Son fáciles de criar, prácticamente se cuidan solos y requieren vacunación una vez al año. Es fácil reconocer el temperamento de un gato adulto: los hay afectuosos, huraños, muy cazadores, remolones, etc.

Gatos (machos)

Cuando alcancen su madurez sexual, alrededor de los seis u ocho meses, tenderán a marcar su territorio con orina, de olor muy

LA OPINIÓN DEL EXPERTO

«Para saber las características de un perro mestizo es importante identificar su parecido con alguna de las razas conocidas, dado que, en cierta forma, sus características serán semejantes a las de esa raza, debido a su carga genética. Por ejemplo, los perros mestizos con fuerte apariencia de rotweiller o doberman pueden ser buenos guardianes, dado que es posible que ellos desarrollen mayor agresividad que, por ejemplo, los de tipo labrador, uno de los perros que casi no tiene agresividad.»

Óscar Ferrante
Adiestrador canino

penetrante y desagradable para los humanos. En época de celo pasará días y noches fuera de la casa. Es probable que adelgacen notablemente y que se peleen, en disputas territoriales, con otros machos, por lo que pueden provocarse heridas de mediana a considerable gravedad. A veces, durante esta época, son atropellados, ya que tratan de expandir su territorio en busca de hembras. La castración puede ser una solución.

Gatas (hembras)
Normalmente, salvo en la época de celo, son más hogareñas y dóciles. Se dice que son más cazadoras y bastante más limpias que los machos.

LAS AVES: VENTAJAS Y DESVENTAJAS

La opción de un perro o un gato no tiene por qué ser válida para todas las personas. Las aves son, también, una posibilidad que debemos plantearnos si queremos incorporar una mascota a nuestra vida. Hay pericos, loros, guacamayos y polluelos, además

---

LA OPINIÓN DEL EXPERTO

LOROS GRISES DE COLA ROJA

▸ **Ventajas:** Reproducen muy bien la voz humana. Inteligentes. Se reproducen con facilidad.

▸ **Desventajas:** Aves de un solo dueño. Se suelen arrancar las plumas al descuidárseles.

INSEPARABLES

▸ **Ventajas:** Cariñosos. Sus plumas cambian varias veces de color.

▸ **Desventajas:** Es difícil determinar el sexo a simple vista.

LORIS Y LORITOS

▸ **Ventajas:** Presentan gran colorido. Son cariñosos e inteligentes.
▸ **Desventajas:** Son difíciles de mantener debido a la dieta que deben llevar.

AMAZONAS

▸ **Ventajas:** Inteligentes. Imitadores de la voz humana. Excelente adaptación a jaulas cómodas.
▸ **Desventajas:** Son difíciles de aclimatar.

CACATÚAS

▸ **Ventajas:** Cariñosas. Son especies longevas, muy inteligentes y con una gran aptitud mecánica.
▸ **Desventajas:** Son destructivas y «escapistas» profesionales. Desarrollan una dependencia afectiva extrema con sus propietarios, y requieren mucho tiempo y dedicación.

GUACAMAYOS

▸ **Ventajas:** Cariñosos, inteligentes y juguetones.
▸ **Desventajas:** Ruidosos y destructivos, de difícil reproducción en cautiverio.

PERIQUITOS

▸ **Ventajas:** Injustamente infravalorados. Tienen una aptitud media para el habla, son fáciles de amansar, y muy sociales si se les da la oportunidad.
▸ **Desventajas:** Ruidosos en ocasiones.

COTORRA SUDAMERICANA

▸ **Ventajas:** Gran colorido, inteligentes y prolíficas.
▸ **Desventajas:** Ruidosas, no muy adecuadas para jaulas.

LOROS AFRICANOS

▸ **Ventajas:** Imitadores de sonidos, cariñosos.
▸ **Desventajas:** Difíciles de aclimatar, destructivos.

de otras aves que se pueden tener en casa. Algunas hablan, otras cantan, pero todas son amigables y cariñosas.

Para decidirse por una, nos podemos acercar a una tienda de mascotas o bien a un criadero de aves, ya que en ambos sitios nos pueden asesorar sobre la mascota ideal para nuestra forma de vida. Todos los animales, pero especialmente las aves, requieren tiempo y dedicación, así como también conocimiento de nuestra parte para darles el cuidado apropiado. Es muy útil realizar algunas lecturas sobre la posible mascota que queremos para tener una idea aproximada de nuestras posibilidades de llevarla a casa.

Sin embargo, entre todas las opciones, ¿por cuál decidirse? Para quienes gustan de las aves pero todavía no han tenido ningún tipo de experiencia en su cuidado, tener pinzones, canarios y periquitos es un buen punto de partida. Su adquisición es fácil y relativamente barata; además, el cuidado que necesitan es muy sencillo si se compara con el de los grandes loros o guacamayos. Estos pájaros más pequeños y «más fáciles» suelen ser buenas mascotas cuando hay niños en casa.

Claro que no todas las aves son iguales. Si queremos una que cante todo el tiempo, el canario es el ideal. Tiene un hermoso canto y un plumaje bonito que le ha valido la distinción en su género. Además, es muy longevo: llega a alcanzar hasta los doce años. Pero si lo que buscamos es un interlocutor estridente, un loro es lo más apropiado. Es un pájaro ruidoso, hablador, capaz de emitir fuertes chillidos (en ocasiones ensordecedores). Aprenden muchas palabras e imitan silbidos, risas, quejidos, entre otras emisiones de voz.

El periquito australiano es una especie de loro pequeño, bullicioso, de color verde y larga cola, que resulta atractivo por su tamaño. Su plumaje, en azul, amarillo o gris, es muy atractivo a la vista. Su espíritu danzarín lo mantiene en movimiento, su agilidad física lo lleva a realizar las más descabelladas acrobacias. Es gregario y fácil de domesticar. Se alimenta de semillas germinadas, frutas y verduras frescas, pero en cautiverio se adapta fácilmente a todo tipo de comida.

Las cacatúas o guacamayos, que son aves de mayor tamaño y mucho más independientes, prefieren los espacios abiertos y son más ruidosas que el loro. Sin embargo, son divertidas, cariñosas, pueden silbar y aprender algunas palabras.

De entre las aves que podemos escoger, hay algunas más clásicas que otras. Algunos ejemplos para comenzar a pensar cuál elegir son:

ANTES DE ESCOGER UN LORO...

Los loros son, con frecuencia, objeto de compra compulsiva, sin que el propietario conozca las características y necesidades de la especie que está llevando a su casa. Antes de adquirir uno, es útil saber que los loros son inteligentes, ruidosos, destructivos y ensucian su entorno en la casa (desde el punto de vista humano). Esperar otra cosa de un loro no es realista. Además, algunas especies pueden acompañarnos, y por tanto depender de nosotros, durante más de cincuenta años. Las especies que más años viven son yacos, amazonas, cacatúas y guacamayos. Ésta es una responsabilidad que hay que asumir antes de comprar un animal tan longevo.

▸ Los loros pueden ser ruidosos, destructivos, y ensuciar su entorno en la casa. Algunos son también muy longevos. Hay que aceptar estas características antes de adquirirlos.

▸ Para ser una mascota adecuada, un loro debe ser criado en cautividad y amansado.

▸ Las diversas especies de loros son muy diferentes entre sí, y sus particularidades son importantes para decidirse por una de ellas.

Criar un loro como mascota puede ser una excelente opción para algunos, pero un error para otros. En algunas situaciones no es aconsejable adquirir un loro, como por ejemplo:

▸ Si lo queremos sólo por su colorido y belleza: el trabajo y dedicación que requiere un loro acabará por no compensarnos.

▸ Si lo queremos porque «los loros hablan»: si bien esto resulta divertido, no todas las especies son igual de hábiles, ni todos los individuos aprenden. Si ésta es la razón principal, es preferible buscar un loro ya enseñado.

▸ Si somos fanáticos de la limpieza, el orden, el silencio o la tranquilidad: sin duda un loro es lo último que necesitamos.

▸ Hay personas benevolentes o sensibles en extremo, incapaces de imponer a un loro las firmes reglas y controles que necesita para no volverse un individuo dominante, y en definitiva una pequeña pesadilla o huracán doméstico.

▸ Si nuestras obligaciones implican largas ausencias o viajes, o bien si el loro no es deseado por todos los miembros de la familia, tampoco será la mascota idónea. Un loro requiere tiempo no sólo para limpiar la jaula y darle de comer, sino para satisfacer su necesidad psicológica de relación con su bandada. Hay gente simplemente demasiado ocupada para atender a un loro.

PECES: VENTAJAS Y DESVENTAJAS

Si estamos buscando una mascota fácil de cuidar, que no requiera mucho espacio y que además pueda brindarnos tranquilidad, los peces son la opción perfecta. Lo importante es tener en mente qué es lo que deseamos tener en casa, porque hay especies muy bonitas, pero que necesitan muchos cuidados, ya sean de agua dulce o salada, y hay otras muy llamativas, como los beta, que no necesitan tanta atención.

Pese a lo que algunos pueden suponer, instalar y mantener un acuario en el hogar es una tarea sencilla y agradable. Por otro lado es bastante económico. Y las ventajas de un acuario sobre otras mascotas pueden ser varias:

1. Es un elemento decorativo por excelencia.

2. Es muy económico su mantenimiento.

3. Los peces no ensucian ni es necesario limpiar a diario sus desechos.

4. Un paquete de alimento puede tardar meses en consumirse.

5. Puede ser instalado por igual en cualquier ambiente (desde el dormitorio hasta el baño) y en todos ellos lucirá bien.

Por todas estas razones, y otras más, el pez es una de las mascotas más agradecidas, silenciosas y decorativas del reino animal. El primer paso que hay que dar antes de comprar los peces es decidir qué tipo es el adecuado; para ello, hay que tener en cuenta una serie de requisitos.

No todos los peces son iguales. Los hay que pueden resultar demasiado frágiles y difíciles para principiantes, y otros que pueden resultar los más adecuados si estamos en ese grupo. Por eso, hemos de tener en cuenta, en primer lugar, la procedencia de los animales acuáticos, porque, según de dónde vengan, tolerarán un tipo de agua u otra.

Después, tendremos que atender a la compatibilidad de las especies; es decir, averiguaremos si los peces que vamos a comprar pueden convivir fácilmente con otras especies y cuáles son las idóneas para ello. El tamaño que es posible que alcancen, la alimentación que más les conviene, el hábitat dónde más cómodos se encuentren, los estratos de nado (si son capaces de elevarse mucho o poco), son factores muy importantes cuando se eligen los peces que se van a llevar a casa.

Sin embargo, lo principal sería construir o instalar el acuario en primer lugar, y después seleccionar los peces en función de las características de éste. Es decir, los tests acerca del pH y dureza, y la estructura y composición de la pecera, determinarán qué tipo de animales acuáticos son los apropiados para vivir en ella.

Armar un acuario es algo que debe hacerse con ciertas precauciones. La elección de los peces va en función de lo que se espera ver. Algunas personas gustan de observarlos, otros prefieren el contraste de color, y a otros les gusta su movimiento o interacción; todo eso modifica el tamaño de la pecera y los peces que se puedan incluir en ella. Hay diferentes tipos de acuarios, y cada uno de ellos tiene sus ventajas y sus desventajas.

Agua dulce o salada

Básicamente hay que diferenciar entre acuarios marinos y acuarios de agua dulce. Los acuarios de agua salada requieren un grado considerable de experiencia, pues son mucho menos tolerables con los fallos. Su precio y los gastos de mantenimiento son considerablemente superiores a los de agua dulce, por lo que sólo son aconsejables para aficionados expertos.

Acuarios de agua templada o fría

En ambas categorías, agua dulce o marinos, tenemos otra gran división: de agua fría y agua templada. La diferencia entre ambas es la temperatura a la que se mantiene el acuario. Los acuarios de agua fría están a la temperatura ambiente. Ésta suele oscilar entre los 10 y los 18 grados. En ellos se mantienen peces y plantas que provienen de las zonas templadas del planeta. Estos peces suelen tener menos colorido que los peces tropicales. Si vivimos en un clima cálido no es muy aconsejable este tipo de acuario, pues en verano serán necesarios sistemas de refrigeración que son bastante caros.

Acuarios de agua cálida

Suelen estar a una temperatura de entre 24 y 26 grados. En ellos se mantienen especies de las zonas tropicales del planeta. Para mantener y alcanzar la temperatura adecuada se usa un calentador eléctrico, que es un dispositivo barato, con muy poco consumo y que no precisa apenas mantenimiento. La sencillez de su

LAS AVES COMO MASCOTAS

Son muchas las personas que se preguntan si es recomendable tener a un animal que, en principio, necesita libertad, encerrado en una jaula. Todo depende de la especie de que hablemos. Por ejemplo, en el caso de los canarios, el hecho de liberarlos implicaría enfrentarlos a condiciones adversas para sobrevivir, porque han nacido en cautiverio y, por tanto, no tienen capacidad instintiva para buscar alimento.

Sin embargo, no ocurre lo mismo con otras muchas especies. Cientos de miles de aves silvestres de diversas especies son capturadas para el comercio de mascotas, y la mayoría de ellas muere durante su captura y transporte. Después de compradas, las aves capturadas sufren de tensión nerviosa e inadaptación al cautiverio, lo cual las hace susceptibles a problemas de salud y comportamiento.

Por ello, los únicos pájaros que deben tenerse como mascotas son los que han sido criados en cautiverio, como los periquitos, los pericos australianos y los canarios. Los jilgueros, algunos loros y los tucanes son capturados en la selva. Es importante averiguar la procedencia de los pájaros que nos interesan para comprobar que han sido criados, mantenidos y vendidos en forma humanitaria.

mantenimiento y el colorido de los peces que lo habitan hace de los acuarios de agua dulce templada los más comunes de todos los acuarios.

REPTILES: VENTAJAS Y DESVENTAJAS

Los reptiles son considerados, en general, como mascotas un tanto excéntricas. Sin embargo, es cada vez más común ver personas que tienen en su casa una serpiente o una iguana, a la que cuidan como a un miembro más de la familia. Claro que, dentro de este grupo, no debemos olvidarnos de las tortugas, que constituyen una opción más sencilla en su cuidado y, de alguna manera, más corriente que otros reptiles.

Entre las ventajas que podemos encontrar al adoptar un reptil como mascota, tenemos que:

▸ Al no poseer pelos ni plumas, no sólo no inundan la casa con ellos, sino que no producen alergias a sus dueños, algo muy común en propietarios de perros, gatos y aves de diversos tipos. Salvo algunos parásitos internos, los reptiles no trasmiten enfermedades a los seres humanos.

▸ Ocupan poco espacio. En general, las especies que podemos adquirir en las tiendas especializadas no alcanzan grandes dimensiones y no requieren demasiado espacio. Si están bien alimentados, los reptiles no son animales muy activos.

▸ No producen olores en exceso. Si los reptiles están bien atendidos y limpios (requerimiento básico para cualquier tipo de mascota), casi no producen olores.

▸ No hacen ruido. Salvo algunas especies de ranas o geckos, la mayoría de los reptiles no emiten sonidos. En el caso de las especies que sí lo hacen, su tono es bajo y agradable.

▸ No requieren excesivo cuidado. Estos animales no suelen necesitar tantas comidas como los perros o gatos, y su limpieza se basa en cambiar el agua con frecuencia y remover los excrementos cuando aparecen, a fin de evitar enfermedades. Necesitan calor permanente, pero, si se utilizan artefactos adecuados, una vez instalados no requieren esfuerzos extra.

▸ Son muy independientes. Puede dejárselos el fin de semana solos en la casa sin perjuicio de su salud (siempre y cuando se respete su ciclo luz-oscuridad).

▸ Son atractivos e interesantes. Pocos animales pueden rivalizar en belleza de colores con algunas serpientes o ranas. Su aspecto es a menudo muy particular y su comportamiento siempre cautiva.

▸ No necesitan el contacto humano. Esta característica, evidentemente, los hace adecuados para determinados tipos de personas, que no buscan en una mascota muestras de cariño. Sin embargo, los hace ideales para quienes disfrutan observándolos y cuidándolos.

Sin embargo, varias clases de reptiles tienen unas cuantas desventajas a la hora de traerlos a nuestra casa. Una de ellas es que la mayoría de ellos no son los más adecuados si hay niños pequeños en la casa, porque probablemente quieran jugar mucho tiempo con la mascota, algo que no es recomendable, porque son animales que necesitan unas condiciones de habitabilidad (como temperatura o luz) bastante particulares. Además, no son cariñosos como otros animales.

Por otra parte, el cuidado que requieren los reptiles puede desalentar a más de uno. Es necesario conseguir un terrario lo suficientemente grande (que, en el caso de la serpiente, debe ser cambiado a medida que el animal crece), dotarlo de elementos, como restos de troncos y follaje, y también de un sistema de seguridad para evitar que el animal se escape, además de un dispositivo para darle el calor adecuado.

Además, hay que tener en cuenta que algunas especies de serpientes comen roedores adultos, otras crías juveniles y hasta recién nacidas; hay las que prefieren ranas o alevines, algunas sólo aceptan lagartijas y renacuajos, y están incluso las que sólo comen conejos. Es decir, alimentar a estos animales no es tarea sencilla, porque no suelen aceptar la carne cruda o cocida y prefieren capturar a sus presas vivas, tal como lo hacen en la vida silvestre.

Una opción mucho más sencilla que la cría de mascotas como serpientes o iguanas, es la tortuga de tierra. Es una de las mascotas preferidas por niños y mayores, porque sus cuidados no suponen un gran esfuerzo. Tener tortugas en casa resulta positivo para la educación de los niños que, entre otras cosas, aprenderán a adquirir ciertas responsabilidades, como encargarse de su alimentación o del mantenimiento de su habitáculo.

Por supuesto, como seres vivos, requieren una dosis de atención, y no es suficiente con abandonar al animal en el jardín y dejarlo a su albedrío. Estos reptiles merecen todo tipo de atenciones y son unos animales de compañía muy interesantes. Así, se puede ofrecer a una tortuga las mismas atenciones que a cualquier otro animal doméstico: alojamiento conforme a sus necesidades, alimentación nutriente y posibilidades de reproducción.

ANIMALES EXÓTICOS: VENTAJAS Y DESVENTAJAS

Aunque los animales más habituales en los hogares y los preferidos por el público en general siguen siendo los perros y los gatos, en los últimos años se está produciendo una gran proliferación de las mascotas exóticas. Merece la pena destacar la cada vez mayor presencia de hurones, cocodrilos, ardillas coreanas, tarántulas gigantes, pitón real, tortuga de patas rojas, mono ardilla, camaleón del Yemen, yaco de cola roja, tucanes, dragón de agua australiano

LOS PECES QUE PODEMOS ELEGIR

Una vez que hayamos evaluado las ventajas y desventajas de cada tipo de acuario y hayamos decidido cuál de ellos nos gustaría tener, es hora de escoger los peces que introduciremos.

En el caso de que nos decantemos por uno de agua fría, tendremos que elegir entre las muchas variedades de carassius que se comercializan. Las carpas japonesas o koi no son recomendables para acuario (son peces para estanque de jardín). Es posible obtener carassius rojos, negros, bicolor, tricolor, con manchitas, de ojos telescópicos, con colas largas o no, y también en las formas conocidas como shubunkin y cometa. Un acuario bien provisto puede tener más de diez variedades al mismo tiempo. Los carassius son longevos y crecen mucho si disponen de espacio.

Si lo que vamos a escoger son peces tropicales, las posibilidades se multiplican. Hay mas de 2.000 especies diferentes aptas para vivir en acuarios, desde los más pequeños, de 2 a 3 cm, hasta los grandes ejemplares de 60 cm o más. Entre unos y otros hay muchas especies para elegir. Pero atención: no todos pueden ser introducidos en un mismo acuario. Cuando seleccionemos los que nos gusten, tendremos que informarnos si son compatibles con los restantes.

Puede ocurrir que por combinar colores y formas, incluyamos peces incompatibles por muchas razones (tipos de agua, temperaturas, comportamiento, alimentación, etc.). Hay muchos peces para elegir, así que seguramente encontraremos una opción adecuada. El secreto está en recorrer varios comercios, comparar precio y calidad, y luego decidir.

e, incluso, tiburones. También algunos reptiles, como los que hemos mencionado, son considerados exóticos, como las iguanas o serpientes.

A la hora de comprar una mascota se deben evaluar detenidamente los pros y los contras de cada una de ellas, no sólo en relación con la facilidad de convivir con ella, sino también con su capacidad para sobrevivir y llevar una vida confortable en el hogar.

Debemos tener presente que esta clase de animales suelen provenir de hábitats naturales muy diferentes a los de una ciudad. Por ello, lo primero que debemos tener en cuenta es que los animales exóticos, como las serpientes, las iguanas o los diferentes tipos de tortugas, son especialmente vulnerables al cambio de hábitat y de alimentación.

Así, lo óptimo es comprar estos animales en un lugar especializado en el que nos puedan ofrecer consejos útiles e instrucciones de cómo tratarle y alimentarle. Además, es muy útil establecer contacto con alguna persona que tenga una mascota de la misma especie, para que nos adelante en qué forma vive y si se encuentra bien en el hogar, ya que los libros especializados a veces no incluyen información sobre la convivencia con estos animales.

En definitiva, lo mejor es adecuar el ambiente a la vida del animal, ya que, en muchas ocasiones, éstos llegan a nuestro país de viajes muy largos, en los cuales las condiciones para ellos son pésimas.

A ello hay que añadir que el auge de la demanda ha provocado la aparición de un tráfico ilegal de animales exóticos que pueden llegar a su destino dañados o enfermos. Por este motivo, sólo se recomienda adquirir la mascota en una tienda especializada, capaz de ofrecer las garantías de salud necesarias.

Lo ideal es adquirir animales que hayan sido criados en granjas, como la casi totalidad de los loritos conocidos como inseparables o *Agapornis*, y la mayoría de las cacatúas; entre los reptiles, proceden de cautividad casi todas las iguanas, una parte de los caimanes, las serpientes boa y algunas ranas exóticas. Pero también es cierto que algunas tortugas, varias especies de camaleones o la serpiente pitón terminan sus días en minúsculos terrarios que con demasiada frecuencia no reúnen ni siquiera las condiciones mínimas que precisa el animal. Debemos pensar bien en esto antes de llevárnoslos a casa.

Además, tenemos que evaluar que muchas de estas especies son muy caras, y que su mantenimiento adecuado implica un importante desembolso de dinero, ya sea en comida, en la recreación de su hábitat o en la atención veterinaria.

En el caso de que el animal escogido sea una serpiente o una iguana, por ejemplo, es fundamental la construcción de un terrario, con el fin de crear el hábitat natural de la mascota. Este método

LA OPINIÓN DEL EXPERTO

«Según a qué especies nos estemos refiriendo, en muchos casos lo mejor es disfrutar de estos animales viéndolos en los sitios especialmente equipados para ello, como es el caso del terrario de un zoológico, en donde se les ofrece el hábitat más parecido al que tienen en vida silvestre, así como los cuidados que requieren: alimentación correcta según la especie, espacios perfectamente acondicionados para proporcionarles el calor y la luz que necesitan para su desarrollo.

Y, sobre todo, un buen control veterinario que permita atender a tiempo cualquier emergencia que pueda presentarse. »

Carlos Gutiérrez

Biólogo

también es útil para las denominadas arañas pollito o los erizos de tierra.

Uno de los animales con más demanda en los últimos tiempos es el denominado conejo enano o exótico, una especie que ha aparecido hace tan sólo treinta años. Es una de las mascotas preferidas por ser de pequeño tamaño, fáciles de cuidar y muy resistentes. Además, estos animales son mamíferos y no pertenecen a la familia de los roedores. Así mismo, poseen la ventaja de no contraer enfermedades propias de los humanos ni las trasmiten.

Por otro lado, su mantenimiento no es tan costoso como en otros casos, ya que deben habitar en una jaula, cuyo precio no es muy alto, y su alimentación es sencilla.

A todo ello hay que añadir que son muy adaptables al hábitat y que no producen ruidos capaces de molestar al hombre, además de ser muy cariñosos. Estos animales viven, aproximadamente, diez años.

Por su parte, los lagartos, que pertenecen a la clasificación de los saurios, requieren una alimentación insectívora.

Entre los más solicitados se encuentran los camaleones, los anolis y los escincos pequeños. También se alimentan de insectos, y de invertebrados las serpientes de talla mediana o pequeña.

En el caso de adquirir una de éstas hay que extremar las precauciones para no llevar a casa una que suponga un peligro para el hombre.

En cuanto a las tortugas acuáticas, la más solicitada es la llamada «de raya roja» de Sudamérica, que tiene entre veinticinco y treinta centímetros de longitud y el caparazón de color verde y de forma oval. Se alimenta de peces, larvas de anfibios y anfibios pequeños, moluscos y vegetales, ya que su hábitat natural son los pantanos y las lagunas.

Pero, sin duda, la mascota exótica más común y extendida, sobre todo por Estados Unidos y Europa, es el hurón, una especie que llega a las tiendas preparada para evitar la reproducción, por el impacto ecológico que ésta provocaría. El inconveniente de este animal es que despide un olor desagradable.

Por último, señalaremos que la última tendencia en la adquisición de mascotas exóticas consiste en la instalación de un acuario marino en el hogar, en el cual se pueden mantener peces de agua salada, pulpos e incluso tiburones enanos.

Sin embargo, esta opción supone un elevado desembolso económico y una gran dificultad de mantenimiento, por lo que no es apto para cualquier bolsillo.

03

UNA MASCOTA EN NUESTRA VIDA

Comprar, adoptar o aceptar un perro de regalo significa asumir algunas responsabilidades y gastos que deben ser analizados seriamente antes de decidirse. El animalito necesitará visitas regulares al veterinario para controlar su salud y darle las vacunas y antiparasitarios correspondientes. Además, necesitará baños y comidas regulares, y un lugar cómodo y seguro para dormir.

Por otra parte, la adaptación del animal al nuevo hogar, ya sea cachorro o adulto, puede generar algunos problemas, como que haga sus necesidades en lugares no deseados o que llore por las noches. Pero, sobre todo, debe recibir mucho cariño durante toda su vida, aunque a veces no sea lo más cómodo.

Si a pesar de haberlo meditado descubrimos, pasado el tiempo, que simplemente ya no podemos tenerlo en casa, nuestra responsabilidad será la de buscar a alguien que quiera tomarlo en adopción y se vaya a ocupar de todo eso con la misma dedicación que lo hemos hecho nosotros mismos.

Todos estos procesos, ya sea de adopción, de regalo, de aceptación de una mascota que ha llegado a nuestra vida por sorpresa (tanto como un regalo, como porque la hemos encontrado abandonada), suponen transformaciones en nuestro hogar. Pero no sólo eso: la llegada de una mascota nos exige informarnos y buscar siempre la vía más adecuada.

Es importante entender que el cuidado de una mascota es una gran responsabilidad para cualquiera que sea nuestro caso, tanto si buscamos una compañía porque vivimos solos en casa, o si nos acabamos de casar o tenemos una familia grande con niños. Lo que todos los especialistas aconsejan es no adquirir nunca un animal en un primer impulso. Un dueño responsable deberá proporcionar algo más que solamente una alimentación, agua y casa adecuadas.

Cuando hemos sopesado las ventajas y desventajas de tener una mascota en casa, hay básicamente dos vías para encontrar una para nosotros. Una de ellas es comprando al animal en tiendas especializadas o criaderos, y la otra es adoptando a un ejemplar que no tiene dueño. Cada opción tiene múltiples variantes, y con seguridad encontraremos la que se adapte a nuestros gustos, principios y posibilidades económicas.

LA ADOPCIÓN

Los albergues de animales de todas las ciudades están poblados de perros o de gatos que no tienen un dueño que los cuide. Son animales que pueden haberse perdido, que quizá fueron abandonados o que quienes los tenían bajo su tutela los han entregado al albergue porque ya no podían cuidarlos más.

Evidentemente, la opción de la adopción a través de este sistema sólo es válida para mascotas como gatos o perros. Las aves, por haber sido criadas en cautiverio, siempre se venden, y lo mismo ocurre con peces, reptiles y otras clases de mascotas. De todas formas, si nos interesa ese tipo de mascotas, podemos comenzar a informarnos a través de revistas especializadas, anuncios en el barrio e incluso Internet, ya que hay personas que no pueden mantener a sus mascotas y que, por sus características, tampoco las pueden llevar a un centro de acogida, y prefieren regalarlas por medios alternativos.

Pero, volviendo a la adopción clásica, hemos de decir que lo más usual es concurrir a refugios, sociedades protectoras o asociaciones de animales, donde seguramente nos orientarán y nos ofrecerán una amplia variedad de perros o gatos que buscan dueño.

Normalmente, la adopción es gratuita o implica un pequeño gasto, con el que se paga la esterilización del animal y, según en qué país, la colocación del microchip. De todas formas, las tarifas suelen ser más baratas que las de un veterinario, y hay sitios en que sólo se pide una contribución voluntaria.

Claro que, si vamos a adoptar un animal, no deberíamos esperar encontrar un gatito persa de tres meses o un buldog cachorro de pura raza. Si vamos a adoptar un animal, lo haremos por amor a los animales y entonces nos vamos a plantear adoptar un animal adulto mestizo, un cachorro mestizo o un perro de raza adulto. Poquísimos son los casos en que encontraremos un cachorro de pura raza.

Aunque muchas veces somos reacios a adoptar animales adultos, debemos tener en cuenta que un cachorro no se va a adaptar mejor a su nuevo hogar que un perro o un gato de más edad. Tanto un cachorro como un adulto necesitan un periodo de adaptación. Y lo bueno de un animal adulto es que nos saltamos el problema de la educación y, además, ya conocemos de antemano su carácter y sin sorpresas en un futuro. De todas maneras, si queremos cambiar conductas en nuestro nuevo compañero y educarle en acciones, como responder a nuestra llamada, sentarse, pararse, etc., lo vamos a conseguir tenga la edad que tenga. Incluso los perros policía, perros de salvaguardia, etcétera, no se empiezan a educar hasta alcanzado el año de edad. En el lugar de adopción nos informarán del carácter del animal: allí desean que la adopción sea exitosa, así que su información será cierta y clara.

LA ACOGIDA TEMPORAL

La acogida temporal consiste en ceder nuestro hogar y tiempo durante una temporada determinada a un perro o un gato en adopción. Puede ser una semana, un mes o incluso más, según el animal y las necesidades de la protectora o asociación. Con la acogida temporal se ayuda a aumentar espacio en refugios y protectoras, y a dar conocimiento del carácter del animal para buscar el dueño definitivo mejor para el gato o perro. A veces la acogida temporal está muy solicitada para perritos que acaban de nacer y no tienen mamá.

Evidentemente, la acogida temporal es un recurso del que deben echar mano muchas protectoras, asociaciones y refugios, porque la capacidad de estos centros muchas veces se ve desbordada y no hay mucha gente decidida a ayudar de esta forma. Sin embargo, la acogida temporal es una opción muy recomendable para los que no tengan experiencia con perros o gatos: es una buena forma de adentrarse en el mundo animal y conocerlos bien. También es aconsejable para aquellas personas que no saben si van a poder dedicarle su tiempo en un futuro a una mascota, pero les gustaría vivir la experiencia de compartir una parte de su cotidianeidad.

EL APADRINAMIENTO

El apadrinamiento de un animal es muy diferente a la adopción y a la acogida temporal. Con esta modalidad, el animal permanece en el refugio o protectora, pero nosotros pagaremos sus gastos de alimentación y del veterinario. Si apadrinamos un perro o gato podremos ir a verlo siempre que queramos y sacarlo a pasear y mimarlo tanto como queramos.

Esto va muy bien para aquellas personas que no tienen espacio para ofrecerle al animal o disponen de poco tiempo. El apadrinamiento durará hasta que aparezca un adoptante o alguien que lo acoja temporalmente.

LA DECISIÓN DE COMPRAR

Si a pesar de las posibilidades de adoptar decidimos comprar una mascota, o si buscamos una que no sea un perro o un gato y sólo nos queda esa opción, debemos ser muy cuidadosos a la hora de elegir cómo y a quién comprar. Hay dos formas principales: en una tienda o a un criador. Cada una de ellas tiene sus ventajas y sus desventajas.

Los defensores de los derechos de los animales recomiendan, por lo general, analizar cómo cuidan a las mascotas en los distintos comercios, y sólo comprar en aquellos que nos garanticen una atención de calidad a los animales. Por ejemplo, si una tienda tiene a las mascotas en el escaparate, es un mal signo.

Lo mismo ocurre con los criadores: hay muchos que realmente se interesan por la salud del animal y buscan que las personas que lo compren estén concienciadas de las características de la raza y de lo que implica tener una mascota en casa. Otros, por el contrario, sólo buscan la venta rápida y no se preocupan demasiado por el destino del animal.

LA OPINIÓN DEL EXPERTO

MEJOR, ADOPTAR DESPUÉS DE LAS FIESTAS

La necesidad de regalar un lindo cachorro a un ser querido durante los días de fiesta puede ser realmente grande. Pero este tipo de regalo no siempre es una buena idea. Los días de fiesta son una época caótica, que puede poner mucha presión sobre el cachorro. Todas las festividades y distracciones pueden privar al cachorro de recibir el tiempo y la atención que él necesita. Además, es recomendable separar una decisión tan importante de la emoción de las festividades.

«Cuando las personas consideran cuidadosamente y planifican la adquisición de un cachorro, el riesgo de que termine en un asilo para perros se minimiza, y una relación significativa y duradera se desarrolla. Adoptar a un cachorro es un compromiso serio que se extiende más allá de la diversión y emoción de las festividades», señala Soledad Iparraguirre, veterinaria.

LOS INCONVENIENTES DE COMPRAR UN CACHORRO EN UNA TIENDA

Comprar un cachorro en una tienda de mascotas es una tentación comprensible: están cerca de casa, podemos ver los ejemplares a través del escaparate y, de alguna manera, nos simplifican las cosas al vendernos todo lo que necesitamos para el cachorro en el mismo sitio. Sin embargo, no todas las tiendas son iguales, y debemos saber diferenciar cuáles merecen nuestra confianza.

Para empezar, no todas las tiendas saben exactamente qué están vendiendo. Algunas tiendas de mascotas se basan en las compras impulsivas para vender su «producto», por lo que es muy poco posible que sus padres hayan sido examinados para detectar si había probabilidad de que transmitieran alguna enfermedad genética a su descendencia. Así, no podemos descartar la probabilidad de que el cachorro desarrolle en su vida algún problema de salud que nos costaría mucho dinero remediar. Toda raza de perros y de gatos tiene problemas genéticos que pasan de generación en generación al cruzar animales que llevan el gen defectuoso. Muchos de estos problemas se pueden detectar con la tecnología actual, pero las pruebas son costosas. Las personas que se preocupan por el bienestar y el futuro de la raza que se dedican a criar, tendrán estas pruebas con el fin de preservar y mejorar en el futuro la calidad de la raza. La mayoría de los buenos criadores se preocupan más por la salud de los cachorros que producen que del dinero que conseguirían o no con una camada, y lo mismo puede decirse de las tiendas.

Otra cuestión es que, en la mayoría de las tiendas, no saben exactamente cómo es el carácter del animal. Cuando son cachorros, todos parecen simpáticos y cariñosos, pero no podemos adivinar cómo serán en el futuro. Para ello ayuda mucho conocer a los padres (o, como mínimo, a la madre), algo que, en el caso de las tiendas, es casi imposible.

CÓMO ENCONTRAR UN BUEN CRIADOR

Un criador responsable es fácil de detectar si cumple determinados requisitos. Para encontrarlos, debemos tener en cuenta los siguientes aspectos:

1. Se dedican a la crianza con el fin de mejorar la raza y producir los mejores cachorros que puedan. Uno puede darse cuenta porque usualmente planean quedarse con uno. Además, es preferible elegir aquellos criadores que no vendan a tiendas, sino que elijan a sus compradores.

2. Se dedican a la raza desde hace al menos dos o tres años. Ello se acredita, por ejemplo, con la membresía en algún club canino, lazos de competencias, exhibiciones y campeonatos.

3. Usan perros para la crianza que se acercan más al estándar de la raza, sin problemas serios de salud ni de temperamento.

4. Serán sinceros a la hora de recomendarnos una raza, y nos dirán si no nos conviene la que nos ofrecen. No estarán tan ansiosos por «deshacerse» de los cachorros.

5. Nos contactarán con otros criadores si no tienen cachorros en ese momento; es decir, no intentarán vendernos algo a toda costa.

6. El acuerdo para vender un perro debe quedar, preferiblemente, por escrito.

7. Nos facilitarán una tarjeta de registro, el pedigrí y los datos de la salud del cachorro que nos vendan, sin cobrarnos extra por ello.

8. Discutirán honestamente cualquier problema o requerimiento especial asociado a la raza. Cuando un criador nos diga que su raza no tiene ningún problema, es mejor desconfiar, porque todas las razas tienen sus pros y sus contras.

9. Nos ofrecerán asistencia y consejos sobre el cuidado y el entrenamiento del animal.

10. Normalmente crían sólo una o dos camadas al año y evitan cruzar a una perra cada temporada o más de una vez al año.

Por otro lado, siempre tenemos que tener en cuenta que, por más que veamos un perrito o un gatito encantador en un escaparate, debemos averiguar más cosas sobre la raza antes de comprarlo. Un criador es, por regla general, quien más sabe sobre el tema. Pero si lo compramos en una tienda, debemos buscar una en donde haya personas realmente especializadas que nos puedan orientar.

Otro inconveniente que nos puede acarrear el hecho de comprar una mascota en una tienda es que el animal ha pasado buena parte de su vida en una jaula. Cuando la tienda no vela por la salud de sus animales, es probable que éstos jamás hayan visto una alfombra y menos césped o tierra. Debido a las condiciones en que los cachorros son expuestos en las tiendas, son forzados a evacuar en la misma área en que comen y duermen. Esto va en contra del instinto natural del perro, pero el cachorro no tiene opción. Este hábito hará que enseñarle al cachorro dónde hacer sus necesidades sea más difícil. Algo similar ocurre a la hora de bañarlos o peinarlos: si los cachorros no están acostumbrados, se moverán mucho y nos harán la tarea más difícil. En cambio, si han sido enseñados por un criador, tendremos este tema casi resuelto.

EL RECURSO DE INTERNET

Hasta hace no muchos años, contactarse con otras personas que estuvieran dispuestas a dar un cachorro en adopción, o que nos ayudaran con consejos para cuidar a nuestra mascota, era una tarea bastante complicada. Hoy, desde que Internet se ha masificado, estas y otras necesidades encuentran su solución en la red.

Navegar puede sernos útil para detectar cuál es el criador que nos ofrece mejores servicios o un precio más razonable cerca de nuestro hogar, pero también nos permite consultar a asociaciones de animales acerca de ese mismo criador: si tiene buenas referencias, si hay otra persona que ya le ha comprado un ejemplar y puede contarnos su experiencia... Además, sirve para encontrar, con cierta rapidez, dueños que estén regalando a sus mascotas, o teléfonos y direcciones de entidades que se dediquen a ello.

Con todo, las compras por Internet, en general, tienen más desventajas que ventajas. Cuando vamos a traer una mascota a nuestra familia, es importante que la conozcamos en persona, que podamos interactuar con ella y ver cómo se desenvuelve. Por eso, siempre es mejor ir a conocerla antes de decidir llevarla a casa.

Quienes pueden encontrar una buena herramienta en Internet son los que se decantan por animales más exóticos, que muchas veces es necesario traer desde sus países de origen.

Sin embargo, siempre es importante chequear que la compra que estemos haciendo sea de acuerdo a las leyes y que, sobre todo, la empresa que realiza la venta tenga una sede en nuestro país que se encargue de la acogida y la cuarentena en caso de que haga falta, además de darnos las garantías necesarias.

Con todo, el mayor uso que se le da a Internet en el ámbito de las mascotas es el de búsqueda de información. Son muchas las personas que, tras años de cuidar a su propio animal, deciden compartir con otros los conocimientos que han ido recabando con la práctica. Sin embargo, siempre es importante tener en cuenta que quien en realidad debe asesorarnos es un veterinario.

Al margen del comercio electrónico, Internet se ha mantenido firme en este territorio como un gran instrumento de información y comunicación, cauce de adopciones o denuncias y plataforma sobre la que trabajan protectoras de animales, asociaciones y voluntarios. Es probable que, sin la red, miles de animales aún seguirían en las protectoras o habrían sido sacrificados, y la mayoría de la gente seguiría pensando que para tener un animal hay que comprarlo.

Con una conexión a Internet, el proceso para adoptar un animal, por ejemplo, no puede ser más sencillo. Normalmente no hay más que entrar en la página de cualquier protectora, seleccionar entre las fotos y descripciones la mascota deseada y enviar un correo electrónico.

Después, la protectora se pone en contacto con el solicitante y, si la adopción se completa, mandan el animal en perfectas condiciones mediante un servicio de mensajería.

Por supuesto, Internet siempre es una buena guía para encontrar casi cualquier cosa del «mundo real». Muchos portales de mascotas incluyen directorios repletos de direcciones y teléfonos de tiendas, centros de adiestramiento, residencias, criaderos, protectoras, clínicas veterinarias, peluquerías, etcétera.

LAS PARTICULARIDADES DE UN REPTIL

Antes de comprar o adoptar un reptil, es fundamental informarse con antelación sobre todo lo que conlleva tener un animal de este tipo en casa. Hemos dicho que los reptiles requieren atención, principalmente. Necesitan un espacio y una ambientación adecuados. Necesitan condiciones específicas de temperatura y humedad. Tienen que ser bien alimentados, recibir suplementos (de calcio y vitaminas) y ser desparasitados.

Muchas especies crecen mucho, y no es cierto que sólo crezcan lo que el tamaño del terrario les permite. En ocasiones se tornan inmanejables, especialmente para los niños.

Siempre hay que tener en cuenta que la forma en que se los exhibe en las tiendas de mascotas, en la mayoría de los casos, no satisface las necesidades del animal. Por lo general, se les brinda lo mínimo indispensable para el tiempo que están a la venta, especialmente por una razón de costos, pero al llevarlos a casa debemos poder ambientar el terrario correctamente.

En general, no conviene sucumbir a los deseos de los niños de tener una mascota de este tipo, salvo que haya algún adulto dispuesto a hacerse cargo del control y la satisfacción de las necesidades del animal. Son, en general, mascotas que pueden hacerse inmanejables para un pequeño, a pesar de que en la tienda las veamos como perfectamente controlables.

CÓMO ENCONTRAR AL ADOPTANTE IDEAL

Aunque hayamos meditado mucho nuestra decisión de tener una mascota, a veces sucede que, con el tiempo, nos damos cuenta de que, por el motivo que sea, ya no podemos cuidar más a nuestra mascota. O tal vez hemos encontrado un gato o un perro perdido y necesitamos encontrarle un hogar. Quizá un amigo o pariente ha muerto dejando una o más mascotas para ser colocadas en nuevos hogares. La llegada por sorpresa de un animal a nuestra vida no quiere decir que tengamos que hacernos cargo durante años de ese animal. Otra vez, meditar acerca de las posibilidades de criarlo es fundamental, y si descubrimos que no podremos tenerlo en casa, quizá sí nos podemos ocupar de encontrarle un sitio acogedor donde vivir, que pueda resultar más oportuno que nuestra vivienda.

Para asegurarnos que el animalito vivirá en un lugar adecuado, conviene estar preparado para saber detectar cuándo un futuro adoptante es el adecuado.

El primer paso es preparar unos sencillos carteles para pegar en el barrio. Allí describiremos la apariencia, tamaño y edad del animal, su naturaleza, el nombre. Indicaremos si ha sido castrado o esterilizado, y también definiremos cualquier limitación (por ejemplo, que no es bueno con los gatos u otros perros o con niños pequeños). Debemos asegurarnos de poner un número de teléfono y la hora en que nos pueden localizar. El sitio ideal para pegar los carteles son las veterinarias, nuestro trabajo, en tiendas de mascotas, e incluso supermercados, farmacias, etc.

Es importante esterilizar o castrar a la mascota que tratamos de colocar en adopción y tener al día todas las vacunas. Trataremos de contactarnos con veterinarios o laboratorios que nos las puedan dar a precio de costo.

Puede ser útil preparar una historia de la mascota, donde incluiremos la mayor información posible de lo que le gusta y de lo que no le gusta, sus preferencias alimenticias, sus relaciones amistosas con otros animales, etc. Toda esta información ayudará a hacer el contacto más fácil con el animal.

Por otra parte, antes de entregar un animal a alguien, es necesario que establezcamos un contacto con esa persona, con el fin de evaluar si realmente será capaz de criar al animal. Por ello, es importante que durante el contacto telefónico podamos identificar ciertas características de la persona que llama. Por ejemplo, si quien llama es un niño, siempre debemos pedirle hablar con un adulto, porque es quien, en definitiva, se hará cargo del animal. También conviene hacer una serie de preguntas para determinar si el hogar de acogida será el adecuado (por supuesto, de un modo natural, sin que sea un interrogatorio).

Así, podemos averiguar:

▸ Si la mascota es para la persona que llama o para alguien más. En ese caso, pediremos hablar con quien la recibirá.

▸ Si el adoptante tiene espacio suficiente para el tamaño que tendrá la mascota al alcanzar su máximo crecimiento.

▸ Si las condiciones de seguridad son las adecuadas (por ejemplo, si tienen patio, que esté cercado para que no se escape el perro).

▸ Si han tenido mascotas anteriormente y, si es así, qué pasó con ellas.

▸ Si tienen otras mascotas en su hogar, para poder determinar si todos pueden vivir en armonía.

▸ Si tienen niños, y de qué edad. Es fundamental que las características del animal sean acordes con las de los miembros de la casa. Si nuestra mascota ha mordido alguna vez a un niño, deberíamos descartar un hogar de acogida donde los haya.

‣ Cuántas horas estará el animal solo en la casa. Esto cuenta especialmente cuando el gato o perro es muy pequeño, porque si están solos son más propensos a hacer destrozos.

De todas maneras, lo ideal es contactar personalmente con el posible adoptante y ver, in situ, cómo se relaciona con la mascota. Si simpatizan mutuamente, es un buen signo.

Una vez que hemos elegido al adoptante, es preciso que le entreguemos toda la información posible, la historia clínica, sus vacunas y, si los tiene, algunos de sus elementos favoritos, como juguetes o platos.

04

LOS PERROS

Cuando llega un nuevo perro a la casa, es evidente que las cosas no van a ser como antes. El entorno debe adaptarse al nuevo integrante de la familia, y nosotros mismos debemos adecuar nuestros hábitos a los suyos. En cuanto cruza la puerta del hogar, debemos recordar que nuestra nueva mascota ha estado ya en otros ambientes diferentes, por eso tenemos que ser pacientes con él y darle algún tiempo para adaptarse a su nuevo hogar. La clave para ayudar a la mascota a hacer esta transición es la paciencia y el cariño. La adaptación podría llegar a tardar entre dos semanas y dos meses lógicamente esto dependerá del tiempo que le dediquemos.

Los primeros días que el cachorro pase con nosotros le marcarán para siempre. Por tanto, nos aseguraremos de darle todo nuestro afecto y atención. Al principio, el animal estará un poco inquieto, por lo que es mejor presentarle en la casa cuando no haya demasiada gente dentro. Lo dejaremos explorar el entorno e intentaremos satisfacer su curiosidad, pero sin dejarle solo durante mucho tiempo. En su primera semana, los cachorros pueden presentar un sentimiento de separación de su madre y pueden gimotear mucho. Si éste es el caso, bastará con mimarlo un poco y confortarlo, pero evitando siempre que entre en la cama, es una mala costumbre que será difícil de romper.

Antes de que el can llegue al hogar hay algunas cosas que tendremos que haber previsto para asegurar su bienestar. Lo más importante es comprarle un collar, correa y una chapa de identificación. De esta manera, lo protegemos en caso de que se fuera a perder, porque hasta los perros más protegidos llegan a perderse accidentalmente.

También necesitaremos proveerle con platos para comida y agua, y por supuesto el alimento adecuado, algo de lo que hablaremos a continuación. Si compramos platos de plástico, es fundamental que los lavemos a menudo, ya que éstos se desgastan más rápido y son más difíciles de desinfectar. Tendremos que escoger un lugar específico en donde mantendremos los platos fijos para que el perro comience su proceso de adaptación. Si durante los primeros días observamos que no tiene mucho apetito, podría estar sufriendo un poco de los nervios. Si después de varios días aún no come, consultaremos con un veterinario.

LA OPINIÓN DEL EXPERTO

CÓMO SUJETAR A UN CACHORRO

Un perro con pocas semanas de vida es todavía frágil y su pequeño cuerpo es muy delicado, así que deberíamos resistirnos a la tentación de abrazarlo demasiado a menudo. Cuando lo hagamos, debemos seguir estos pasos:

▶ Colocar una mano sobre su parte posterior y otra bajo el pecho.

▶ Levantarlo con ambas manos.

▶ Mantenerlo junto a nuestro cuerpo para que se sienta seguro.

LOCALIZANDO UN LUGAR ADECUADO

El sitio donde dormirá es otra cuestión que es mejor resolver con antelación. Es importante que la cama vaya de acuerdo a su tamaño. Podemos comprarla en una tienda o bien asignarle un cojín grande o una manta o una toalla viejas, dentro de una cesta o caja. Es preferible que su área de dormir sea dentro del hogar. Si esto no es posible, y el perro tiene que dormir en el exterior, debemos asegurarnos de que su casa sea adecuada, que lo proteja del viento y el agua y que su área de reposo tenga una buena temperatura, ya que los perros no toleran bien los cambios drásticos en la temperatura. Lo ideal es buscar un lugar cálido y sin corrientes. Una buena idea es poner una caja de cartón en un lado para hacer una cama cerrada.

Cuando tenga su lugar, tenemos que respetar su privacidad y su espacio. No nos acerquemos a él ni lo tomemos sin más, dejémosle que venga por sí mismo. Tampoco permitamos que los niños le molesten o se burlen de él y, por último, nunca lo enviemos a su cesta cuando se haya portado mal, o asociará ese lugar con hacer algo malo.

LA HIGIENE DEL HÁBITAT

Los perros no requieren, en general, cuidados extra de higiene. En general, lo mejor es seguir una sencilla regla: mantener la cama del perro y de sus utensilios de comida tan limpios como el resto de la casa. Ello quiere decir lavar los platos de comida y bebida cada vez que los veamos sucios, airear su cama y mantenerla libre de gérmenes, y, sobre todo, mantener una buena higiene del propio animal.

En el caso de las personas con alergia, es importante tomar algunas precauciones, más por los dueños que por el animal en sí. Por ejemplo, si una persona sufre complicaciones derivadas del pelo de la mascota, lo mejor es no permitirle la entrada a las habitaciones y utilizar aspirador para limpiar la casa.

LA HIGIENE DEL ANIMAL

Es, en definitiva, lo que nos garantizará que goce de buena salud, por lo que hemos de dedicarle atención. La limpieza es primordial y comprende tres aspectos: el cepillado del manto, el baño y la limpieza de las diferentes partes del cuerpo (orejas, ojos, dientes, pies y uñas). La periodicidad de estos cuidados varía con relación a la raza y el tipo de manto.

EL CEPILLADO

Tiene la función de eliminar los pelos muertos, además del polvo y otras suciedades, pero no se realiza de la misma manera en todos los perros. Las razas de pelo largo deben cepillarse todos los días, mientras que las de manto corto pueden ser cepilladas una vez por semana.

En los períodos de muda (otoño y primavera), la acumulación de pelo muerto puede ocasionar alergias, eccemas y demás dermatitis. Si el perro es pequeño, debe acostumbrarse a ser cepillado sobre una mesa; si es grande, directamente en el suelo.

¿Cuál es la forma adecuada de hacerlo? Tiene que ser firme, pero sin dañar la piel. Tenemos que empezar por la cabeza e ir en dirección a la cola, siempre en el mismo sentido, y luego continuar por los costados, finalizando por las patas. A las razas de pelo largo (como los afganos, collies, etc.) generalmente es preciso desenredarlos previamente. Algunos consejos para las razas más comunes son:

▸ Realizar el cepillado en un lugar tranquilo donde no se distraigan ni el perro ni el dueño.

▸ Comenzar a cepillar desde la cola hacia la cabeza, incluyendo las patas, con pasadas suaves pero firmes. Si el perro tiene subpelaje, abrirlo con una mano y con la otra cepillar en dirección al crecimiento del pelo.

▸ Una vez quitados los enredos, revisar por si acaso queda algún nudo rebelde; éste debe cogerse con una mano, y con la otra cortarlo con mucho cuidado.

▸ La cara y el cuello son partes muy sensibles que deberán peinarse con cuidado.

LA OPINIÓN DEL EXPERTO

¿DENTRO O FUERA?

Los perros son animales gregarios, orientados a estar con la manada, así que ellos prefieren estar con su jauría lo más posible. Si estamos dentro, ellos querrán estar dentro, y si estamos fuera, entonces querrán estar con nosotros.

¿Y qué ocurre si no estamos en casa? Muchos perros se comportan bien cuando se quedan adentro, y ladran, hacen huecos y gimotean si se mantienen en el jardín. ¿Por qué? El hogar es su casa. Los perros prefieren estar cerca del centro del hogar, el lugar donde los olores de la jauría son más agudos. Mientras algunos perros son felices estando afuera cuando el resto de la «manada» se ha ido a trabajar, muchos desarrollan problemas de conducta como resultado de la «expulsión» diaria del hogar.

Además, un perro con acceso a un vasto territorio podría sentirse obligado a «defenderlo» todo, causando otro tipo de problemas: ladrar desesperado a los «intrusos», etc. Restringir la cantidad de territorio a proteger reducirá este tipo de conducta. Una buena opción para un perro sería darle acceso a una parte acotada de la casa y otra parte del jardín. Esto evitará que el perro se sienta expulsado del cubil sin mucho territorio que proteger.

▸ Las orejas se cepillan cogiendo una a una, mientras se pasa el cepillo.

▸ La cola se cepilla desde su nacimiento hacia la punta.

EL BAÑO

No es, contra lo que muchos creen, la principal actividad de limpieza del perro. De hecho, no está para nada recomendado bañar a la mascota con mucha frecuencia: puede ser dañino porque remueve sus aceites naturales y puede causar inflamaciones en la piel. En general, no debe hacerse más de una vez por mes, y nunca a cachorros de menos de seis meses. El cepillado periódico y la propia secreción grasa del perro son suficientes para mantenerle limpio el resto del tiempo. El baño sirve para quitarle malos olores, colaborar en la caída del pelo viejo y eliminar parásitos.

El agua no ha de estar ni muy fría ni muy caliente (a unos 38° como máximo), y ha de usarse jabón neutro o champú para perros. Debemos evitar que le entre agua en ojos y orejas. También hay que procurar que el perro no se enfríe mientras está aún mojado, por lo que debemos secarlo bien, con una toalla o un secador muy suave, cuidando de no quemarle el pelo.

Si el perro se moja accidentalmente (por ejemplo, con lluvia), tenemos que llevarlo a casa lo antes posible y secarlo bien, y si es posible, mantenerlo en movimiento. Esto vale también mientras se está mojando: no hay que permitir que se quede quieto hasta que se le pueda secar.

Ya que el baño no es lo más indicado, también existen productos para la limpieza del perro en seco, polvos y espumas. Esto se usa cuando el animal está enfermo o en pleno período de inmunización. La frecuencia del baño con estos productos dependerá de que viva dentro de la casa o en una caseta en el jardín.

Con respecto a los champús, hay una amplia gama de productos: unos son cosméticos (embellecedores), otros antiseborreicos para pieles grasas, otros incluyen savia desenredante y otros son medica-

EL KIT DE BELLEZA

Destacamos seguidamente, y a modo orientativo, algunos de los elementos que resultarán más útiles para realizar el cepillado cotidiano de nuestro perro:

▸ **Peine:** Para separar los mechones de pelo y desenredar nudos pequeños y superficiales. Se recomienda el peine metálico con dientes redondeados, para evitar arañar la piel del perro o quebrarle el pelo.

▸ **Cardador:** Para cepillar el pelaje eliminando nudos rebeldes y para extraer elementos extraños, suciedad y pelos muertos. También se utiliza para airear el pelaje. Está indicado para pelo liso, pelo duro, pelo largo y revuelto, y para subpelo lanoso.

▸ **Manopla de goma:** Es un cepillo con púas de goma que se usa para desprender el pelo muerto y la suciedad superficial en pelajes rasos.

▸ **Cepillo de cerdas:** Sirve para eliminar la suciedad y dar brillo al manto. Se recomiendan los de cerdas de jabalí o de nailon.

▸ **Cepillo de púas metálicas:** Es para desenredar el pelo y dar acabado a los peinados. Se recomienda que tenga base de goma y que las púas sean lo suficientemente largas como para penetrar en el pelaje llegando a la piel.

Para pelajes cortos y largos los cepillos son diferentes

▸ Una opción consiste en una especie de pequeña sierra de metal en forma de «O» pegada a un mango, que se usa para extraer todo el pelo muerto y permitir que salga pelo nuevo. Se recomienda usar en época de muda y siempre siguiendo la dirección del nacimiento del pelo.

▸ Otra posibilidad es una pieza que tiene púas de goma que masajean, arrancan el pelo muerto y eliminan la suciedad del pelaje.

mentados. Quien debe asesorarnos sobre uno u otro tipo es nuestro veterinario de confianza. Lo que debemos evitar es el uso de champús y jabones destinados para uso humano.

LIMPIEZA DE OREJAS, OJOS Y DIENTES

Son tareas que debemos llevar a cabo con regularidad. Las acciones principales son:

Ojos

El principal problema es que se ensucian (sobre todo si el perro vive en la ciudad, a causa de la contaminación). Normalmente, esta suciedad se elimina en forma de legañas, que se le pueden limpiar con un paño húmedo o apenas embebido en suero fisiológico. También debemos eliminar de la zona de los ojos restos de pelos sueltos o pestañas, utilizando bolas de algodón hidrófilo humedecido (una para cada ojo). No hay que dejar que se acumulen hasta que al perro le molesten tanto que se frote con la pata. En perros viejos, o a causa de una enfermedad o lesión, puede haber dificultades para mantener la humedad del ojo. En este caso conviene hacer una limpieza regularmente, previa consulta al veterinario para que nos indique el producto a usar adecuado.

Orejas

Si se acumula cerumen hay que quitarlo cuidadosamente, tal como haríamos en el caso de una persona. Pero hay que hacerlo con mucho más cuidado, ya que por la forma de las orejas del perro, si simplemente soltamos las escamas de cera, caerán al interior, pudiéndole dañar el conducto auditivo. Conviene limpiarlo con una toallita humedecida (una para cada oreja) y no utilizar nunca hisopos ni agua y jabón. Si no estamos seguros de cómo hacerlo es mejor dejarlo en manos de un profesional. Hay que prestar atención especial a los perros de razas que tienen las orejas caídas, que además de acumular la suciedad «normal», pueden convertirse en nidos de parásitos. También debemos comprobar que no haya indicio de infección, cera, mal olor o irritación. Si el perro sacude con frecuencia la cabeza, y el oído tiene mal olor, hay que consultar inmediatamente al veterinario.

Dientes

Hay que controlarlos para evitar la aparición de caries. De entrada, el perro no debería comer jamás dulces, azúcar o chocolate. Si aparecen caries, sarro, o por accidente se rompe un diente, hay que visitar al veterinario de inmediato. A nivel más cotidiano, basta con darle regularmente trozos de pan duro y seco. Al masticarlo, el perro hace su propia limpieza. También se le puede cepillar los dientes con un dentífrico especial o agua hervida con bicarbonato o sal, pero es probable que se convierta en una tarea complicada. Como la acumulación de sarro en molares y caninos es la principal causa del mal aliento del animal, podemos intentar quitar los desechos de los dientes con un trozo de algodón mojado. El alimento balanceado seco ayuda a mantener limpia la boca del perro.

Uñas

A un perro que vive en el campo se le desgastarán naturalmente, pero si estamos en la ciudad es más complicado. Lo más probable es que le crezcan hasta el punto de resultar molestas para él y para las personas con las que convive, y en el peor de los casos dificultará sus andares. Por todo ello resultará imprescindible cortárselas, pero es una tarea muy delicada (no son como las de las personas), por lo que es conveniente acudir al veterinario.

Pies

Podemos limpiar con gasa o algodón humedecido la suciedad, tierra, fango y piedritas que se acumulan entre los dedos. Para evitar que se le acumule este tipo de objetos, podemos cortar el exceso de pelo que crece entre los dedos.

LA HIGIENE EN LA CALLE

La calle es el lugar donde nuestro perro se lo pasa mejor, pero también donde están los mayores riesgos para su salud. Por tanto, conviene tomar algunas precauciones. Por supuesto, no se trata de sacar a pasear al perro encerrado en una burbuja.

Tan sólo hay que controlar algunos detalles, cosa que se puede hacer fácilmente y sin tener que dedicar una atención excesiva. Además, son cosas que, aunque al principio requieren un mínimo de cuidado, luego se convertirán en actitudes inconscientes, de modo que no requerirán gran esfuerzo.

▸ En cachorros muy pequeños, hay que evitar el paseo y el contacto con otros perros hasta que reciban su primer lote de vacunas, como mínimo.

▸ Hay que evitar que el perro se acostumbre a hurgar en orines y heces de otros perros, pues son posibles fuentes de contagio de enfermedades. Claro que esto es un poco difícil porque, por instinto, el perro los olfatea, ya que le dan mucha información acerca del otro animal. En principio, el que olisquee no es problema, y sólo hay que educarlo para evitar la tendencia a lamer. De todas formas, si el perro es macho y olfatea orina de una hembra en celo, no hay educación que valga y habrá que apartar al perro por la fuerza.

▸ No debemos dejar que hurgue en las basuras. El riesgo para el perro no es mayor que en el caso anterior, pero sí lo es para las personas, porque puede transportar gérmenes que para él no son nocivos pero para los humanos sí.

▸ Conviene llevar al perro siempre atado, especialmente en la ciudad. No es sólo cuestión de cumplir las ordenanzas legales (que lo exigen), sino que gracias a tenerlo atado podemos evitar que escarbe en basuras, heces, etc., o que el perro salga corriendo si algo le llama la atención (un gato, otro perro, un niño jugando...), y así evitar accidentes.

▸ Si sacamos al perro a un parque donde hay hierba y se le puede dejar suelto, no hay que olvidar, cuando entremos de nuevo en casa, hacerle una pequeña revisión en busca de garrapatas. Hay que hacer esto también si ha estado jugando con otros perros.

LA ALIMENTACIÓN

Un perro longevo y sano se consigue, principalmente, con una buena alimentación. Darle bien de comer no significa que lo haga hasta el hartazgo: hay que tener en cuenta la calidad y la cantidad de lo que come, exactamente igual que haríamos con una persona.

Antiguamente se consideraba al perro como poco más que el «cubo de la basura» de la cocina. Es cierto que un perro se come todo (o casi todo) lo que le den sus amos, pero una alimentación basada en sobras no es exactamente lo mejor que se le puede dar.

Tan malo como que viva de sobras, es darle sólo carne y huesos. El aparato digestivo de un perro es el de un animal carnívoro. Sin embargo, la convivencia con los humanos ha hecho que se adapten a una dieta mucho más variada, y hoy en día necesitan algo más que carne.

De todas formas, no hace falta complicarse con el menú. Hoy se pueden encontrar en los comercios suficiente cantidad de productos que ya están pensados para que el perro esté bien alimentado. No tengamos reparos en preguntar al veterinario o al criador, pues ellos son las personas indicadas para aconsejarnos basándose en su experiencia y sus conocimientos.

Algunos consejos a la hora de comer son:

▸ Darle siempre de comer a la misma hora. De esta forma podemos organizar el día (comidas y paseos) con más facilidad.

▶ Tan malo es darle comida en exceso como demasiado poca. Además, el tipo y cantidad de comida que se le ha de dar varía con su edad y su desarrollo. Preguntar al criador o al veterinario es lo indicado. No conviene dejarle el plato lleno a rebosar para que coma cuanto le venga en gana, ni tampoco tener un perro famélico. La observación nos permitirá encontrar el punto justo.

▶ La ración diaria puede repartirse en tres comidas, en el caso de los cachorros, y en dos para los adultos.

▶ El perro siempre ha de tener a mano agua fresca y limpia.

▶ No conviene acostumbrar al perro a comer fuera de horario, o siempre estará pidiendo. Tampoco a darle de nuestra comida mientras estamos en la mesa, menos aún si es un cachorrillo, porque es probable que luego pida cada vez que nos sentemos a la mesa y que no quiera comer de su propia comida.

▶ Cuando debamos cambiarle el tipo de comida (por ejemplo, de pienso para cachorros a pienso para adultos) no lo haremos de golpe sino gradualmente, mezclando ambos tipos de comida y variando la proporción de la mezcla, poco a poco, hasta el nuevo tipo de comida.

▶ Podemos darle huesos para roer, de vez en cuando, aunque no muy a menudo, para que no tome calcio en exceso. Los huesos grandes son los más recomendables: la rodilla de ternera es un buen ejemplo, aunque siempre conviene cocerlos un poco. Huesos pequeños (de pollo, de conejo...) deben desterrarse de su dieta, porque probablemente los astillará y tragará casi enteros, si no se le atraviesan en la garganta, lo cual implicará visita al veterinario de urgencias.

LA EDUCACIÓN: NORMAS BÁSICAS

Independientemente de la raza del perro, de si es más o menos inteligente, y de que vaya a ser un perro de compañía o vaya a trabajar, hay unos mínimos que el animal ha de aprender. Cuanto más joven se empiece a enseñarle, mejor. Lo ideal, y en ciertos casos imprescindible, es que en cuanto entra en casa se dé comienzo a su educación.

El adiestramiento básico, se supone, puede empezar hacia los seis u ocho meses y consiste en ejercicios de llamada, caminar correctamente con la correa, detenerse, sentarse, etc. Sin embargo, en la práctica no existe una edad en la que el perro pueda empezar a aprender algo. Esto debe suceder de forma natural desde que es cachorro, a partir de los primeros días de convivencia y después de que se haya ambientado.

Lo primero que debemos enseñarle es a no defecar dentro de casa y a no mordisquear los muebles. Para ello, tenemos que establecer una relación de juego-confianza que llevará al cachorro a reconocer en el propietario a su amo, al que tiene que ofrecer su afecto y obediencia innatos.

La llamada

Es fundamental para todo tipo de obediencia. Se puede empezar este ejercicio hacia los sesenta días de edad, aprovechando la tendencia del cachorro de acudir hacia sus amos cuando ve en sus manos un juguete interesante o su plato de comida. Al principio, podemos llamarle por su nombre, acompañado del «¡Ven!». Cuando ya haya empezado a venir hacia el dueño, le premiaremos con caricias y trocitos de comida cuando esté cerca.

En un segundo tiempo, lo llamaremos cuando esté lejos, premiándole siempre que haya obedecido a la llamada. Para ejemplares más grandes, si se muestran un poco más tozudos o independientes y no responden con rapidez o, incluso, ignoran por completo la llamada, se puede adoptar el método de una larga cuerda atada al collar: cuando el perro no responde a la llamada, con un suave pero firme y constante tirón de la cuerda, se le atraerá, incitándole, hablándole con paciencia y premiándole cuando esté cerca.

Hacer sus necesidades en la calle

Siempre que se le descubra in fraganti ensuciando la casa, hay que castigarle inmediatamente. No sirve hacerlo después de que haya pasado un tiempo o, si se ha quedado solo, regañarle cuando volvemos, pues no lo asociará a la falta que ha cometido. Como complemento, cada vez que hace sus necesidades en la calle le felicitaremos. Es importante no caer en el error de frotarle el hocico en lo que ha ensuciado, pues, si no nos entiende bien, pensará que es lo que debe hacer.

Aprender a sentarse

El cachorro también comprende con facilidad la orden «sentado». Se trata de una disposición que el perro asume con facilidad y, durante las primeras veces, bastará con darle la orden mientras ya está realizando esta acción. Si fuera reticente, podemos ayudarle a colocarse en esta posición mediante una ligera presión con la mano en la parte posterior. Es importante premiarle cuando se haya sentado.

Caminar con la correa

Es otro de los ejercicios fundamentales. Conviene ponerle el collar y la correa para salir, y quitárselos en cuanto lleguemos a casa, para que lo asocie al paseo. No es bueno dejarle siempre suelto en la calle, o cuando llegue a adulto no se acostumbrará a ir atado. Cuando es muy pequeño conviene dejarle tirar de la correa (le desarrolla los músculos del pecho); pero al crecer ha de aprender a ir al lado sin tirar. Para empezar con este entrenamiento, llevaremos al cachorro, una vez ya esté acostumbrado al collar, a un lugar sin distracciones y le invitaremos a seguirnos caminando justo a nuestro lado, impidiéndole que nos rebase. Cuando parezca que anda por donde él quiere, daremos un paso atrás y adelante para invitarle al juego. Es un método que se basa en la indiferencia al error cometido para erradicarlo de forma no traumática.

Detenerse

Es fácil de enseñar si llevamos al perro atado. Cada vez que nos paremos daremos la orden, y si sigue andando daremos un tirón de la correa, obligándole a pararse.

PRINCIPALES ENFERMEDADES

El control veterinario es, como con cualquier mascota, una visita ineludible. Se hemos comprado al cachorro a un criador reconocido oficialmente, o en una tienda de animales de cierto prestigio, o bien lo hemos adoptado en una asociación seria, lo más probable es que ya haya recibido su primer lote de vacunas y esté sano. En el caso de que se haya recogido de la calle, regalado por un amigo o comprado a un particular, lo primero que debemos hacer es llevarlo al veterinario.

Las vacunas, tal como ocurre con nosotros los humanos, son la principal medida contra las enfermedades más comunes y, también, contra las más peligrosas. Por eso, en los primeros meses de vida del perro hay que administrarle una serie de vacunas cuya naturaleza y periodicidad determinará el veterinario, y en cuanto cumpla el primer año hay que inmunizarle contra la rabia, y a partir de ahí, una revacunación anual. En ningún caso hay que olvidarse de hacerlo puesto que, además de ser obligatorio por ley, la rabia es una enfermedad mortal que, incluso, puede contagiarse a las personas. Además de la vacunación, no está de más aprovechar la visita anual para hacer al perro una revisión general, con el fin de prevenir cualquier incidente.

Con todo, hay que estar atentos a algunas enfermedades comunes que pueden afectar a nuestro perro. Algunas de ellas son:

Parásitos internos

Se conocen como lombrices. Desparasitar al perro es una operación necesaria antes de la vacunación. Es el veterinario quien nos explicará cómo y cuándo hacerlo, y con qué medicamentos. Si vemos señales de lombrices (sobre todo en las heces), hay que extremar las medidas de higiene, como recoger siempre las deposiciones del perro para evitar contagios a otros animales, lavarse las manos después de un contacto prolongado con el animal, evitar su saliva (que puede transportar gérmenes), y mantener al perro alejado de otros animales. Como es evidente, siempre hay que acudir al veterinario.

▸ **Parásitos externos**

Los más habituales son las pulgas (que aparecen aunque se mantenga al perro en las mejores condiciones) y las garrapatas (que son muy peligrosas, porque pueden transmitir al perro la piroplasmosis y llegan a tener el tamaño de un guisante). Los piojos también deben ser tenidos en cuenta, porque chupan la sangre del animal y

LAS PRIMERAS MEDIDAS CONTRA LOS PARÁSITOS

◀ **Pulgas**

La mejor manera de saber si el perro las tiene es observar si se rasca a menudo. Si las vemos, podemos usar un insecticida que nos recomiende el veterinario o usar una loción antiparásitos en el baño. No hay que olvidar desinfectar los lugares de la casa donde el perro se tumba habitualmente, ni cualquier otra cosa que use (mantas, etc.). Los collares antiparásitos suelen ser una buena prevención, pero tienen una duración limitada, por lo que es conveniente leer bien las instrucciones.

◀ **Garrapatas**

Se adhieren a la piel más fina del perro (orejas, axilas e ingles), por lo que conviene revisar periódicamente estas zonas y sus alrededores. Nunca deben arrancarse, ya que se rompen, dejando su «cabeza» en el interior de la piel del perro, y pueden provocarle anidan sobre su pelo, pudiendo causar lesiones cutáneas de grave-dad, y en los cachorros una anemia grave y agotamiento del orga-nismo, a veces con consecuencias fatales.

Como regla general, y a nivel preventivo, se pueden aplicar cier-tas precauciones: uso de collares antiparásitos, mantener limpio el entorno del perro, cepillarle el pelo con frecuencia y usar después algún spray insecticida. También es muy importante la observación del animal, vigilando si se rasca demasiado, si se le cae el pelo, si tiene lesiones en la piel o si tiene garrapatas.

RIESGOS Y ACCIDENTES

La vida de los perros puede ser muy grata o accidentada, todo depende del amo que tenga y de la personalidad del animal. Durante la infancia (hasta los dieciocho meses) los cachorros son

infecciones. Hay muchas formas diferentes que sirven para elimi-nar las garrapatas, y entre las caseras está la de cubrir la garrapata absolutamente con vaselina para tapar los poros por donde respi-ra, lo que la obliga a soltarse por sí misma y no se le causan heri-das al perro.

◄ Piojos

Se dan con menos frecuencia que las pulgas, pero se contagian también a las personas, por lo que hay que eliminarlos sin con-templaciones. Sirven los mismos consejos que para el caso de las pulgas (uso de insecticidas adecuados, baño antiparásitos y desin-fección del entorno del perro).

◄ Parásitos de la sarna

Son varios grupos de parásitos diferentes. Normalmente no se pueden detectar hasta que la enfermedad se ha producido, por lo que se necesita intervención del veterinario.

juguetones e impredecibles en sus actos, y así se incrementa la posibilidad de que sufran accidentes aun dentro de casa. Con la madurez hay un cambio en su comportamiento, pero no quedan exentos de una emergencia.

El perro no es consciente de los peligros que corre, así que son los amos los responsables de prevenir los accidentes, prepararse para actuar apropiadamente ante una contingencia y no perder tiempo preguntándose qué hacer si el perro fue arrollado por un vehículo o se cayó en una piscina, cómo detener una hemorragia, cómo ayudarle a respirar si un caramelo le obstruye la laringe, etc.

No siempre tenemos la suerte de que el consultorio del veterinario esté cerca de casa o de donde ocurre el accidente, y aun cuando sea así, tampoco sabemos si estará disponible cuando lo necesitemos. Por ello, aprender a actuar en situaciones de emergencia puede ser vital para nuestra mascota.

LA OPINIÓN DEL EXPERTO

«Cuando el dueño administra primeros auxilios a su mascota, el primer paso es retirar al animal de la fuente del daño. Luego debe intentar restaurar las funciones vitales, reducir las molestias y estabilizar la situación del perro hasta que pueda recibir asistencia veterinaria. Pero siempre se debe recordar que un perro lesionado puede recuperar la conciencia repentinamente y volverse histérico por el dolor; por ello aconsejamos colocarle un bozal e impedir que muerda. Una venda, una corbata, una cuerda sirven para improvisar un bozal. El bozal no interferirá, entonces, con la respiración.»

Soledad Iparraguirre
Veterinaria

Algunos de los accidentes más comunes, para los que deberíamos estar preparados, son:

Anzuelo

Si se clava un anzuelo en el pie o en la boca de un perro, normalmente no se puede sacar con facilidad, a causa del gancho de la punta. Hay que empujar la punta hasta hacerla sobresalir y cortarla con unos alicates para alambre, antes de poder retirar el resto.

En algunos casos hay que cortar el ojo del anzuelo y después empujar el resto del mismo hasta que sobresalga. Para evitar más daños y dolor innecesarios, si no sabemos cómo hacerlo es mejor recurrir a la ayuda profesional.

Sofocón

Suele ocurrir cuando el perro queda encerrado en un automóvil que se halla expuesto al sol. La respiración es difícil y muy rápida. El perro se encuentra en estado de postración. Para reanimarlo, debemos reducir de inmediato la temperatura del perro, poniéndolo bajo una ducha templada, y reducir la temperatura del agua lentamente.

Choque

Es el estado en que puede caer después de un suceso traumático, como un traumatismo grave. Un perro que padezca un choque estará postrado por completo, su respiración será poco profunda, sus ojos tendrán un aspecto brillante, sus pupilas estarán probablemente muy dilatadas y las encías, pálidas. Si el tiempo es frío, cubriremos al perro para mantenerlo caliente. Pueden ser necesarias la administración de líquidos intravenosos o una transfusión de sangre tan pronto como sea posible, por lo que se le debe llevar de inmediato al hospital.

Convulsiones

Durante las convulsiones el perro cae en un estado de inconsciencia que le impide saber lo que está pasando, por ello debe colocársele sobre el suelo para evitar que se haga daño. La convulsión pasa y entonces puede manejarse al perro con más facilidad.

Es conveniente mantener las manos alejadas de su boca. Este tipo de convulsiones pueden ser provocadas por infecciones virales que han llegado al cerebro, en especial el moquillo, y también por parásitos.

Envenenamiento

Cuando el perro ingiere por error algún tipo de veneno, hay que buscar en seguida el envase del producto y seguir las instrucciones para este tipo de emergencias, mientras se llama al médico veterinario. En muchos casos, lo recomendado es hacerle vomitar, como en el caso de envenenamiento con estricnina o si ha tragado un cebo envenenado. Para ello, se hace una solución fuerte de sal (seis cucharaditas) en un vaso de agua, o colocándole un par de cucharaditas de sal en la parte trasera de la lengua. Después de vaciar el estómago se le dan unas claras de huevo o leche, mientras llega la ayuda especializada.

Choque eléctrico

Lo sufren con frecuencia los cachorros que mordisquean los cables de lámparas o conexiones eléctricas. Después de recibir la descarga, el animal se desploma, tieso. Aunque el primer impulso suele ser tocar al perro, antes debemos desenchufar el aparato al que mordió el cable.

Si observamos que el corazón del perro late, pero no respira, iniciaremos de inmediato la respiración artificial, colocando al perro sobre su costado y oprimiendo y liberando el tórax, en forma alterna, haciendo presión sobre el costillar en su borde posterior más alejado.

DE VIAJE

Si estamos planeando un viaje, debemos recordar que la mascota es un integrante más de la familia, que no se quiere perder la excur-

PRIMEROS AUXILIOS

1. Antes de vendar una herida hay que lavarla con agua oxigenada o, en su defecto, agua con jabón.

2. Si se produce una quemadura y no se dispone de pomada, no se debe vendar la herida; sería contraproducente.

3. En caso de que muerda un cable eléctrico, cortar la corriente y taparlo de inmediato con una manta.

4. Los vómitos se pueden provocar suministrando carbón vegetal o, en su defecto, agua oxigenada.

5. Un torniquete puede salvar la vida de un animal. Para aplicarlo basta con atar muy fuertemente un caucho o una cuerda cerca de la hemorragia.

6. En caso de convulsiones, no sujetar al perro, pero sí evitar que se muerda la lengua, introduciéndole un pañuelo o un paño grande en la boca.

sión por nada del mundo. Tomando ciertas precauciones, puede viajar con nosotros en el avión y, una vez en tierra, disfrutar a fondo de las vacaciones.

Lo primero es hablar con el veterinario para que nos aconseje la mejor manera de realizar el itinerario o verificar que no sea demasiado duro para el animal.

Por supuesto, no es lo mismo si vamos a viajar en coche, en tren o en avión. Cada medio de transporte tiene sus características propias a la hora de viajar con perros. El coche es el más frecuente y sencillo. El animal puede salir, pasear, comer, beber, hacer sus necesidades cuando lo precisa. Si no está acostumbrado a ir en coche, podemos llevarlo en trayectos cortos antes de realizar un viaje largo.

Los más pequeños pueden acomodarse en las jaulas o bolsas especializadas. Tienen la ventaja de mantenerlos quietos y evitarles mareos; la bolsa o cesta debería situarse en una posición elevada para reducir las oscilaciones. Los perros grandes deben ir atados. En los coches familiares, lo mejor es instalarlos en la parte trasera, separados del resto de ocupantes con una rejilla o armazón extensible. En los demás coches hay que colocarlo en el asiento trasero. Es recomendable llevar una toalla o manta que, además de proteger la tapicería del coche, dará un aire familiar al rincón asignado al animal. Además, durante el trayecto debemos impedir que saque la cabeza por la ventanilla. Es la causa de muchas otitis y conjuntivitis, aparte de que podría entrarle alguna mota de polvo en los ojos, los oídos y la nariz. El exceso de aire frío en los pulmones también puede provocar enfermedades.

Si viajamos en tren, en algunos casos se le puede llevar en el compartimiento privado (en caso de coche cama), o bien en el furgón de equipajes. En cada país, las compañías tienen regulaciones específicas, así que lo más aconsejable es ponerse en contacto con ellos.

Los viajes en avión son los que necesitan más preparativos. La IATA (Asociación Internacional Transporte Aéreo) prevé dos modalidades. Una, como equipaje de mano, en caso de que el animal más

EL CERTIFICADO MÉDICO

Para viajar, todas las aerolíneas exigen un certificado médico que compruebe que la mascota está sana para volar. El certificado no debe tener más de treinta días en el momento del viaje. Por otra parte, nuestro veterinario es quien debe tomar la decisión de usar tranquilizantes para la mascota. No la mediquemos sin antes consultar.

la jaula que lo contiene pesen menos de seis kilos. La otra opción es la bodega, para los animales de peso superior a seis kilos. Debemos entregarlo en la terminal de carga tres horas antes de la salida del vuelo.

En cualquier caso, trataremos de reservar plaza en vuelos directos y evitar los fines de semana. Además, conviene preguntar qué otro tipo de carga lleva el avión y, sobre todo, llegar al aeropuerto con la antelación debida. Antes, le haremos hacer ejercicio, lo colocaremos nosotros mismos en la jaula y luego lo recogeremos sin demora al llegar a destino. Durante el trayecto no podrá comer ni beber, así que no podemos olvidar darle agua antes de partir.

05

LOS GATOS

Estamos todavía acostumbrados a considerar a los gatos como unos seres autosuficientes. En los semidomesticados gatos de granja esto quizá sea cierto, pero un gato casero depende de nosotros para muchas cosas más que ponerle la comida o darle un nombre. Y si se

LA OPINIÓN DEL EXPERTO

«Si nuestro gatito tiene pocos días de vida, nosotros deberemos suplir los cuidados que le daría su madre. En clínicas veterinarias y pajarerías encontraremos numerosas leches artificiales especialmente formuladas para gatitos. Durante sus primeros días de vida deberemos darle una toma cada dos horas, pasar a una toma cada cuatro horas en la segunda semana e ir distanciando paulatinamente las tomas hasta llegar a la cuarta semana, en la que comenzaremos a darle comida sólida. Debe, además, tener un cesto o cuna donde pueda refugiarse, dormir abrigado y sin corrientes de aire.»

Eduardo Leguizamón
Veterinario

trata de un gatito, la atención que le dediquemos los primeros meses será fundamental para disfrutar de la compañía de una mascota sana y, sobre todo, educada.

Lo primero que debemos pensar es cómo lo vamos a trasladar desde el criador, la tienda o la casa donde se encuentre hasta nuestro hogar.

Debemos conseguir un recipiente adecuado, y para ello los hay de diversos materiales y diseños. Si el gato es ya adulto y lo tiene un amigo, procuraremos llevárnoslo a casa con algún objeto que le sea familiar, como su cama o el cajón donde hace sus necesidades.

Tanto si es cachorro como si es adulto, situaremos su caja de arena en un lugar tranquilo y de fácil acceso, y sobre todo alejada del lugar donde le pongamos su comida. Deberíamos informarnos de qué es lo que estaba comiendo hasta ese momento, para no realizar un cambio brusco de alimentación y provocarle problemas intestinales.

Tenemos que tener en cuenta que, tanto en gatos con pocas semanas de vida como en adultos, el cambio de morada siempre representa una situación traumática. Para el animal, nada de lo que le rodea le es familiar: no reconoce los olores, no encuentra sus escondrijos para acechar a los hermanitos, ni la barriga de la madre para hundir el hocico y refugiarse. Por eso, es aconsejable llevarlo a la nueva casa durante el día, para que la luz le ayude a familiarizarse con el lugar y, al llegar la noche, ya haya podido adquirir un poco de seguridad y todo le parezca menos hostil. Buscará afecto, protección y, naturalmente, la cama será su objetivo preferido. Ante todo decidiremos las zonas que le están permitidas. Para ello hay que actuar con firmeza y coherencia, para no confundirle prohibiéndole hoy lo que le permitiremos mañana.

Deberemos mostrarle la bandeja higiénica, y comprobar que no duda en usarla. Si esto no ocurre y el gato ensucia el suelo, no hay que tirar los excrementos a la basura, sino que hay que ponerlos en la bandeja junto con el cachorro. El animal se preocupará de cubrirlos con la arena, y cuando sienta necesidad de nuevo, sabrá encontrar el lugar correcto.

Cuando comience a sentirse cómodo, le permitiremos explorar por su cuenta el nuevo lugar, introduciéndolo en cada una de las habitaciones sin la interferencia de niños o de otros animales. Es importante mantener a las demás mascotas de la casa (si las tuviéramos) alejadas hasta que el recién llegado haya tenido la oportunidad de merodear por la casa. Luego dejaremos que los animales «residentes» entren en la habitación donde nos encontramos sosteniendo en brazos al nuevo miembro de la familia.

Tendremos que supervisar cuidadosamente los encuentros iniciales y dar a ambas partes muestras similares de afecto y atención. No es extraño que surja cierta antipatía entre los animales, debido a que los gatos son tan territoriales, y que dure horas o semanas, pero desaparecerá gradualmente y se convertirá en una razonable adaptación mutua y seguramente en una buena amistad. Si tenemos otras mascotas, debemos considerar que los gatos recién nacidos son mejor aceptados que los adultos por parte de otros animales.

LOCALIZANDO UN LUGAR ADECUADO

Los gatos tienen por costumbre dormir mucho y necesitan un lugar seguro y resguardado para hacerlo sin preocuparse de los niños u otros animales de la casa. Para que nuestro gato duerma a sus anchas, basta con poner un cojín redondo de unos diez centímetros de grosor en un mueble, preferentemente apoyado en la pared, ya que al gato le gustar estar por encima del nivel del suelo y tener una firme pared a sus espaldas para sentirse protegido. Si es de pelo corto y fino y necesita más calor que el abrigo que le proporciona el cojín redondo, le pondremos una lámpara con una bombilla de pocos vatios encima del cojín.

Si no nos importa tenerlo en la cocina, podemos colocarle un cojín encima de la nevera, lavadora o secadora. El gato estará por encima del nivel del suelo y estos electrodomésticos le proporcionarán todo el calor que necesita. No hay ningún peligro, ya que los electrodomésticos sólo desprenden calor y ningún tipo de radiación que pueda perjudicar al animal.

Si el gato se encariña con una silla tapizada o con nuestra propia cama es posible que quiera tener en ellas su lugar de descanso habitual. En tal caso, no tendremos más remedio que proteger adecuadamente las piezas de mobiliario que están siendo afectadas, tapándolas con un cojín o una manta viejos. Tras este proceso vigilaremos al animal, a la espera de que haya encontrado la comodidad buscada.

Pero además de un sitio para dormir, el gato necesitará cuencos para el agua y el pienso, y un plato para otro tipo de comida. Si en casa conviven varios gatos o si damos de comer a nuestros felinos en el exterior, es conveniente tener dispensadores de agua y pienso con el fin de facilitarnos la tarea. Tienen más capacidad que los cuencos y llevan tapas protectoras para que su contenido dure más tiempo fresco y no se ensucie tanto. Además, si vamos a estar ausentes durante varias horas, el dispensador de agua nos asegura que el gato no pasará sed si se derrama el contenido del cuenco.

LA HIGIENE DEL HÁBITAT

A la hora de limpiar los cuencos y platos, debemos tener los mismos cuidados que al limpiar su cajón. Si utilizamos detergentes fuertes, aclararemos bien el cuenco, ya que el gato percibe cualquier olor extraño que le desagrade y es incluso capaz de no comer o de buscar sus alimentos y el agua por la casa antes que hacerlo en el cuenco.

Debemos recordar tener el agua siempre limpia, pues los gatos son muy sensibles en este aspecto, y a veces no es extraño verles en el lavabo o en la pila de la cocina, chupando en el goteo del grifo o en agua estancada en vasos o platos.

En el caso de los gatos, una de las cuestiones más importantes es el sitio que vamos a asignarles para que hagan sus necesidades. El cajón de la tierra suele tener medidas estándar en las tiendas (gatos grandes y pequeños), aunque es recomendable que, en cualquier caso, independientemente del tamaño del gato, compremos un cajón grande. Ello nos ahorrará las incómodas molestias de limpiar, además del cajón en sí, el suelo de alrededor e incluso toda la casa si se esparce el absorbente o el papel. La paleta para recoger las heces es imprescindible.

El material para el cajón de los excrementos que elijamos depende de cuánto dinero queramos gastar y de cuánto nos moleste tener arena, arcilla, virutas de madera, etc... Un material económico es el papel de periódico, y podemos utilizarlo para forrar el fondo del cajón. Cuando el gato lo haya usado, lo enrollaremos todo y lo tiraremos a la basura. Con ello se evita esparcir el contenido del cajón por toda la casa y se reduce al mínimo el mal olor, pues la orina se elimina en seguida junto con los excrementos. Cuando empleemos una paleta para quitar las heces de la tierra o arcilla normales, a menudo se tarda demasiado tiempo en cambiarlas. Como resultado, el olor invade toda la casa y con frecuencia el gato se negará a utilizar el cajón.

A los gatos no les gusta estar sucios o mojarse las patas. Si el cajón está húmedo, pueden decidir que una esquina de la alfombra o su cama es un lugar perfecto (y seco) para hacer sus necesidades. Por ello, debemos estar atentos y no permitir que la tierra permanezca mojada.

LA HIGIENE DEL ANIMAL

El gato se ha hecho famoso, entre otras cosas, por ser una de las criaturas más limpias. Dedica gran parte de sus horas de vigilia a asearse y puede estar perfectamente toda la vida sin siquiera darse un baño, pues para él es suficiente con que le peinen a diario.

A pesar de esta obsesión por la limpieza, todos los gatos necesitan unos cuidados mínimos con respecto a su aseo, ya que hay algunas cosas qué el mismo no puede hacer.

El pelo

El cuidado del pelo es básico, especialmente en los de pelo largo. Es conveniente cepillarles diariamente para evitar la formación de nudos, y más en las épocas de muda, que es cuando aparecen problemas intestinales por la aparición de «bolas de pelo». Éstas son cúmulos de pelos en intestino y estómago que impiden la normal defecación y provocan vómitos frecuentes.

El baño

No es necesario en la mayoría de las razas, aunque si se les acostumbra, con delicadeza, desde pequeñitos se les puede bañar. En cualquier caso, no es aconsejable hacerlo más de una vez al mes ni emplear productos destinados al hombre, ya que ni el pH ni las necesidades del pelo son las mismas.

Las orejas

Una vez por semana no le vendrá nada mal al gatito una limpieza de oídos, con gasas o toallitas específicas para tal uso, que pueden estar impregnadas de aceite mineral o alcohol de farmacia.

La limpieza debe ser externa, nunca hurgaremos en el conducto auditivo porque podríamos causarle lesiones en el oído. Si presenta abundante cera oscura y se rasca con frecuencia es posible que tenga ácaros en los oídos, un pequeño parásito muy común entre los gatos, que se alimenta de la cera del oído externo, pero que se puede eliminar con un sencillo tratamiento.

La cara

Puede limpiarse con un paño mojado en agua tibia. Es posible incorporar esta rutina diaria del gato para refrescarle la cara y quitarle las legañas.

Para eliminar las manchas del lagrimal, prepararemos una pasta con harina de maíz o mezclando ácido bórico y agua oxigenada. Hemos de proceder con sumo cuidado alrededor de los ojos aplicando la mezcla con un bastoncillo.

Las uñas

Crecen continuamente, y las desgastan contra los árboles, la madera... o el sofá del salón y las alfombras. Podemos intentar evitar los desastres domésticos colocando a su alcance rascadores (postes de cuerda o moqueta) lo más tempranamente posible. No debemos obligar al gatito a «rascar» en él ya que entonces no será bien aceptado. Lo que debemos intentar es jugar con él en esa zona con una cuerda para que se acostumbre a quedarse enganchado con sus uñas. También las podemos cortar cada vez que sea necesario con unas tijeritas especiales. Para ello, apretaremos sus dedos con nuestros dedos índice y pulgar, lo que extenderá la garra.

Los dientes

Cuando es cachorro, podemos limpiárselos enrollándonos un trozo de gamuza en el dedo y frotándole suavemente los dientes y las encías. Cuando el gato se ha acostumbrado se puede usar un cepillo de dientes especial para gatos y pasta de dientes para gatos. Con el cuidado de los dientes se evita la gingivitis (inflamación de las encías) y la aparición de caries. Un cepillado una vez por semana sería suficiente.

LA ALIMENTACIÓN

Proporcionar a nuestro gato la alimentación correcta para su desarrollo ya no es ningún problema. Hoy podemos escoger entre un surtido de alimentos especialmente preparados para gatos, que cubren perfectamente sus necesidades en cuanto a calcio, vitaminas, proteínas (con aminoácidos esenciales), etc.

Para tener un gato fuerte y sano, es fundamental que esté alimentado correctamente. Atrás quedaron los tiempos en que, por ser un animal, se le alimentaba con sobras, y nuestro felino tiene unos requerimientos especiales para estar sano.

Es cierto que los gatos son un poco exigentes a la hora de comer. Cualquier cosa, como sobras, sólo las comen en raras ocasiones y más como un capricho. Esto se debe, fundamentalmente, a sus necesidades nutritivas. Darle dietas caseras, pese a las altas dosis de cariño que contienen, a veces no sólo es incompleto, sino incluso perjudicial (diarreas por intolerancia a la leche, deformidades del esqueleto por desequilibrios calcio/fósforo, etcétera).

El gato no es vegetariano y necesita obligatoriamente nutrientes de origen animal, y es incapaz de sobrevivir mucho tiempo con una dieta completamente libre de carne. La mejor forma de asegurarnos de que nuestro gato disfruta de una dieta equilibrada es ofreciéndole alimentos elaborados específicamente para ellos, ya sea enlatados o alimentos secos o semisecos, que contienen los elementos nutricionales indispensables. Además, se le pueden dar alimentos frescos una o dos veces por semana, para brindarle variedad e interés a su dieta.

Comida seca

Se vende en bolsas. Los alimentos secos normalmente se usan como parte de la dieta y nos obligan a darle más agua al gato.

Estas «galletas» tienen todo tipo de sabores: salmón, pollo, marisco, pescado y pollo, hígado, atún, pollo e hígado, etcétera.

Comida húmeda

La encontramos en latas. Contiene carne, pescado, grasas, agua, vitaminas y minerales. Este tipo de comida permite que el gato necesite beber menos. Podemos encontrar: pescado blanco troceado y sin espinas, trozos de atún, porciones de cordero, pollo y pavo con hierbas, etcétera.

QUÉ NO DEBE COMER

▶ No debemos darle al gato pescado o vísceras crudas.

▶ Los huevos crudos también están prohibidos, aunque revueltos sí están permitidos.

▶ Tampoco debe tomar azúcar, chocolate o dulces.

▶ Los embutidos curados tampoco son aconsejables, aunque sí podrá tomar los cocidos, como el jamón York o el pavo.

Comida casera

Se la daremos sólo una o dos veces por semana. Puede ser carne guisada, asada, a la parrilla o con algunas verduras, sardinas enlatadas, pollo, pescado cocido, etc., teniendo buen cuidado de retirar todas las espinas y huesos.

Si tenemos que elegir entre comida húmeda (latas) y seca (pienso), preferiremos que predomine siempre la seca, debido a sus múltiples ventajas: favorece el cuidado de los dientes, manteniéndolos limpios y fuertes; nos proporciona una mayor comodidad, ya que se conserva en perfectas condiciones, aunque pase tiempo en el comedero, y no atrae insectos. Eso sí: con la comida seca el animal necesitará más agua.

CUIDADO CON LA OBESIDAD

Un gato adulto normal debería pesar entre 4 y 5 kilos, aunque el peso de un gato oscila según la complexión de su raza. Una buena alimentación no implica un exceso de peso. Un gato con sobrepeso presenta un gran abdomen que le cuelga, respira con esfuerzo y se vuelve menos activo. Ese exceso de kilos sobreexige al corazón y le hace más propenso a la artritis y otras enfermedades a medida que envejece. En algunas ocasiones se puede tratar de algún problema hormonal, pero por lo general un gato engorda porque come mucho más de lo que necesita.

Si el gato está excedido de peso, debemos consultar con el veterinario si es consecuencia de un problema médico. Si no es así, el especialista podrá aconsejarnos cuál es la mejor dieta para que nuestra mascota pierda peso, teniendo en cuenta su raza, su edad, su condición física y sus propios gustos y preferencias.

EDUCACIÓN: NORMAS BÁSICAS

Los gatos están entre los animales más inteligentes que se pueden tener como mascotas; sin embargo, no es fácil educarlos. Los gatos son capaces de aprender, pero no se pueden aplicar con ellos las técnicas que se usan con los perros, debido a su especial carácter. Los gatos, aunque puedan vivir en grupos, no están jerarquizados, es decir, no aceptan jefes de manada. Por eso no podemos imponernos a un gato pegándole, porque el castigo no producirá sumisión, sino miedo, rechazo y agresividad. En todo caso, deberemos aplicar los «castigos» cuando pillemos al gato «in fraganti» y nunca pasado un tiempo, ya que ellos carecen de memoria asociativa y por mucho que les regañemos no van a saber por qué.

Cuando nosotros jugamos con nuestro gatito no debemos permitirle que nos haga daño nunca. Caso contrario, cuando crezca ya será muy difícil quitarle esa mala costumbre. Si, mientras jugamos, nos da un fuerte mordisco o arañazo, una buena solución es «soplarle» en la cara, cosa que les suele resultar muy desagradable. De este modo asociará determinadas acciones que nosotros consideremos negativas con algo funesto para él.

Si lo que queremos evitar es que se suba a las cortinas, armarios o cualquier otro sitio que nosotros elijamos, otro método es la utilización de sprays de agua: cuando esté realizando la trastada, y sin que nos vea, dirigiremos el spray contra él.

Sin embargo, es posible educar al gato en algunas normas básicas que pueden facilitar la convivencia. Uno de los aspectos es el de las cuestiones de higiene. Es importante que se acostumbre a usar la bandeja sanitaria, para lo cual tenemos que mantenerla en un lugar tranquilo y realizar una correcta limpieza, de manera que el gato no se vea tentado a hacer sus necesidades en el jardín o en la tierra de un macetero. También debemos acostumbrarle al uso del rascador y no permitirle que utilice los muebles para tal fin. En este caso hay que enseñar al gato a no arañar los muebles suplantando el lugar arañado con un rascador para gatos.

También se puede impedir que arañe muebles poniendo obstáculos físicos o cubriéndolos con fundas. También es necesario que eduquemos al gato desde pequeño, si es posible, a permitirnos que lo cepillemos, lo bañemos y le cortemos las uñas.

Otro gran ámbito en que podemos (y debemos) educarlo es en las cuestiones de seguridad, pues de esta manera evitaremos accidentes domiciliarios y el vagabundeo. Las cocinas y estufas, además de otros electrodomésticos, son posibles focos de accidente.

Se puede realizar un aprendizaje por condicionamiento negativo para que el gato no suba a estos artefactos con el método de dispararle con un spray de agua cuando se suba, o poner una superficie que haga ruido al pisarla, como papel de aluminio o una superficie pegajosa.

Otra posibilidad es impedir físicamente que suba a la cocina (poner elementos, como por ejemplo cacerolas) o que se meta detrás de la nevera o en cualquier otro lugar inconveniente.

Otro problema que debemos evitar es el vagabundeo. A partir de la pubertad (seis o siete meses de edad) el gato tiene la tendencia de salir a pasear, para explorar el territorio y buscar pareja. Esta práctica normal para la especie es altamente peligrosa en un medio urbano, ya que el gato se expone en estas salidas a sufrir una gran variedad de enfermedades infecciosas, parasitarias, micóticas, accidentes traumáticos, intoxicaciones, etc.

Por tanto, el mejor consejo que se puede dar en este tema es evitar totalmente la salida del gato fuera de la casa. Para desterrar esta costumbre se deben castrar los gatos de ambos sexos y, si es necesario, poner barreras físicas adecuadas al lugar (paredes, cercos, protecciones en balcones, etc.).

LAS PRINCIPALES ENFERMEDADES

Los gatos padecen distintas enfermedades, algunas de las cuales pueden transmitirse al ser humano. Quien mejor conoce a nuestro gato somos nosotros, y debemos estar atentos a cualquier cambio en su aspecto físico o comportamiento para prevenir su desarrollo y así cuidar nuestra salud y la de nuestra mascota. Algunas de estas enfermedades son:

Trastornos digestivos

▶ Los objetos

Es bastante raro que los gatos se intoxiquen con lo que comen. Sin embargo, luego les encanta tragarse todo tipo de cosas extrañas, como tapones de bolígrafo o alfileres y agujas. Las agujas, sobre todo si van con el hilo, son muy peligrosas, ya que ese hilo puede incluso cortar el intestino como si fuera un cuchillo. Si observamos que el gato vomita o tiene diarrea lo primero es dejarle unas horas el estómago en reposo, es decir, quitarle tanto la comida como el agua, y si persisten los vómitos llevarle inmediatamente al veterinario para que establezca un diagnóstico correcto.

▶ Las plantas

Pueden ser un peligro para los gatos, que tienen un comportamiento natural de purgarse. En la naturaleza elegirían las plantas adecuadas, pero en casa se tienen que apañar con lo que haya, que normalmente es tóxico para ellos, como por ejemplo las flores de Pascua o las cintas. Para evitar ese comportamiento de purgarse existen en el mercado productos como la hierba gatera, que está pensada para que se la coman, o jarabes a base de malta, que sirven de purgantes. Además, tienen la función de evitar que se atasquen bolas de pelo en el intestino.

▶ Enfriamientos

Los gatos se pueden resfriar igual que nosotros. Los síntomas son los mismos, aunque la temperatura normal de los gatos está entre 38,5 °C y 39,2 °C, por lo que siempre les notaremos más calientes que nosotros. Tendrán mucosidad nasal, conjuntivitis, toses y estornudos. Un problema puede ser que al taponárseles la nariz no huelen la comida y se pueden negar a comer. Habrá que forzarles un poco, siempre que no tengan vómitos. Por supuesto, jamás le daremos ningún medicamento por nuestra cuenta, siempre debemos acudir al veterinario para que nos asesore debidamente.

PROBLEMAS DE PIEL Y PELO

Los hongos, las sarnas y los demás parásitos externos les producirán un pelo pobre, con una piel dañada y seca, formación de costras y dermatitis (infecciones de la piel). Un pelo sin lustre siempre es un síntoma de alguna enfermedad. Por otro lado, la costumbre de acicalarse lamiéndose todo el cuerpo hace que traguen gran cantidad de pelos, que pueden formar grandes bolas en el intestino y atascarlo, produciendo también vómitos. Existen en el mercado jarabes a base de malta que disuelven esas bolas de pelo e impiden que se formen nuevas, y que al mismo tiempo aportan taurina a la dieta del gato. El veterinario nos indicará con qué frecuencia debemos dárselo a nuestro gato.

LAS ENFERMEDADES INFECCIOSAS

› **Leucemia felina**

Es una de las enfermedades neoplásicas más diagnosticadas en el gato. Es exclusiva de ellos, es decir, no se contagia a otras especies ni al hombre. Entre gatos se contagia por contacto directo o contacto con las secreciones. Lo que produce es una inmunodeficiencia, es decir, una bajada de las defensas del animal, con lo que está expuesto a coger cualquier enfermedad sin poder protegerse. Desgraciadamente no tiene cura, pero hoy por hoy la vacuna es bastante efectiva.

› **Rinotraqueítis**

Es una enfermedad viral que afecta las vías respiratorias del gato, sobre todo la zona de la nariz y la tráquea, produce congestión nasal, toses, estornudos y fiebre, y también úlceras en las mucosas de la boca. El problema es que un gato con mucosidad que no puede oler la comida no va a comer, por lo que puede llegar a producir anorexia.

› **Panleucopenia felina**

Es una enfermedad viral altamente contagiosa y de mortalidad elevada, que provoca fiebre, deshidratación, enteritis y leucopenia, entre otros síntomas. Afecta a las hembras gestantes, y produce alteraciones en el cerebro de los gatitos dentro del útero, que luego se manifiestan por alteraciones nerviosas y a nivel del crecimiento y de las reacciones. Tiene un gran porcentaje de mortalidad.

▸ Peritonitis infecciosa felina

Es una enfermedad que también registra una gran mortalidad. Suele afectar a los gatos más callejeros, pero también se dan casos en gatos caseros, ya que aún no se sabe bien cómo se transmite. Puede producir abscesos y tumores en la cavidad abdominal, o incluso una ascitis (acumulación de líquido en el abdomen) y alteraciones en el hígado.

Los parásitos

▸ Parásitos gastrointestinales

Englobamos en este concepto a las parasitosis internas, como aquellas producidas por *Toxocara felis*. Provocan en general diarreas, anemia y enflaquecimiento. Normalmente se transmiten al gatito por la ingestión de alimentos crudos, en la gestación y de la leche de la madre. Salen con las heces en su forma adulta como lombrices. Los animales parasitados por tenias manifiestan un notable apetito y, sin embargo, presentan un aspecto delgadísimo.

Es fundamental desparasitar a los gatos con la frecuencia que nos indique el veterinario y no darles nunca vísceras crudas como alimento.

▸ Toxoplasmosis

Es una enfermedad originada por protozoos que produce síntomas de resfriado en el gato y que se puede contagiar al hombre. En una persona adulta produce también síntomas de resfriado sin riesgo, pero en mujeres en los dos primeros meses de embarazo puede producir alteraciones en el crecimiento del feto, por eso es muy importante prevenirla.

Parásitos externos

Los parásitos externos suelen afectar a los gatos que tienen acceso a la calle. Es difícil que un gato casero coja pulgas o garrapatas, pero también existe la posibilidad de que las traigan cuando lo compramos o nos lo regalan.

La infestación por pulgas le causa picor al gato, lo pone inquieto ya que las pulgas se mueven a gran velocidad sobre la piel. Existen muchos productos en el mercado para combatirlas, nuestro veterinario sabrá aconsejarnos sobre el mejor.

La infestación por garrapatas no produce picor, pero la garrapata introduce parte de su cabeza y patas dentro de la piel, produciendo irritación local.

Como ocurre con los perros, no debemos tirar de la garrapata, sino matarla primero con una gota de aceite o alcohol y luego dejar que se caiga sola para que no quede dentro de la piel ningún resto que pueda producir una infección.

Riesgos y accidentes

El gato es un animal muy curioso y nuestro hogar entraña serios peligros para él. Algunos de ellos son:

▸ Los cables eléctricos

Muchos gatos los mordisquean, y ello puede acarrear peligro de quemaduras graves en la boca o electrocución. Debemos evitar que lo haga y, al salir de casa, desenchufaremos todo.

▸ Las ventanas

Un gran porcentaje de las urgencias veterinarias en gatos se deben a caídas desde ventanas y balcones. Para evitarlo, se deben poner mallas o cualquier otro sistema que les permita disfrutar del paisaje sin riesgos.

▸ Los electrodomésticos

Una lavadora abierta puede resultar un lugar muy atractivo para un gatito. Por ello debemos mantener cerradas siempre las puertas de la lavadora, horno, frigorífico, etc.

▸ Las bolsas de plástico

Pueden hacer que un gatito quede atrapado en ellas y morir asfixiado. Aunque parezca extraño, les encantan. Evitaremos guardarlas en lugares donde el gato tenga acceso.

▸ Las agujas de coser

Muchas veces acaban en el interior del esófago de nuestro gatito: cuando las dejamos enhebradas con su hilo, el gatito juega con él, lo muerde, lo traga, y también traga la aguja. El mayor peligro, con todo, es justamente el hilo, que puede actuar como un cuchillo en su interior.

LA OPINIÓN DEL EXPERTO

«A todos nos gusta compartir las vacaciones con nuestra mascota, pero antes de emprender un viaje con ella debemos preguntarnos si nuestro gato se ajustará a cumplir con las normas concernientes a las mascotas en el lugar de destino y si estará realmente feliz lejos de casa. Los gatos tienden a ser criaturas de costumbres y es importante que el gato pueda adaptarse al cambio.»

Eduardo Leguizamón
Veterinario

Debemos cerciorarnos de que las hemos guardado en un lugar seguro tras usarlas.

▸ **Algunas plantas son tóxicas para nuestros gatos**
Si las mordisquean pueden tener cuadros gastrointestinales o alérgicos y, dependiendo de la planta, cuadros nerviosos, renales e incluso cardiovasculares.

Debemos cerciorarnos con el veterinario de que las que tenemos en casa no implican ningún riesgo.

DE VIAJE

El viaje en avión es, tal como ocurre con los perros, el más complicado por su preparación previa. El primer paso es averiguar si en nuestro destino nos permitirán tener mascotas.

Luego debemos preguntar qué certificados de salud son necesarios: éstos varían según la compañía aérea y el destino.

Normalmente hay dos alternativas básicas para viajar en avión. Algunas líneas aéreas permiten a los dueños viajar con sus gatos (generalmente por un arancel) si un transportador portátil cabe debajo del asiento del pasajero. La otra alternativa es alquilar o comprar una jaula de vuelo que cumpla con las normas de la línea aérea, y transportar al gato en la jaula en el compartimiento de equipaje.

Como algunas líneas aéreas cuentan con espacio limitado para albergar mascotas, siempre tenemos que hacer la reserva de lugar con suficiente anticipación.

El día del vuelo colocaremos un almohadón o frazada para poner en el suelo de la jaula, preferiblemente uno que use el gato normalmente. El tazón de agua tiene que estar colocado en la jaula, debe ser profundo y no estar demasiado lleno para evitar que se derrame.

Para disminuir los riesgos del vuelo para el gato, trataremos de no viajar en temporada alta, cuando las demoras y escalas son más largas. Viajar con temperaturas muy bajas o muy altas podría ser peligroso si nuestro gato debe esperar mucho tiempo antes de la carga y la descarga. En cualquier caso, conviene planear el viaje con la menor cantidad de escalas y transbordos posibles: las mascotas en viaje tienden a dormir todo el tiempo, pero durante las escalas y transbordos pueden asustarse.

En general, es conveniente alimentar al gato al menos tres horas antes del viaje. Es mejor darle de comer poco después de haber llegado a destino, a menos que el viaje sea muy largo. En tal caso, le daremos un bocado y agua durante el viaje.

También tenemos que tener en cuenta la comida que le daremos una vez en destino: si creemos que no la podremos conseguir, conviene que llevemos una provisión para que no se produzca ningún tipo de malestar digestivo al cambiar repentinamente la dieta.

LAS CLAVES DEL TRANSPORTE

• Los gatos no son buenos viajeros, por lo que si vamos a realizar un trayecto largo, consultaremos con el veterinario la necesidad de darle un tranquilizante suave.

• Normalmente, los gatos no hacen sus necesidades durante el transporte, pero por seguridad cubriremos el fondo de la caja con periódicos o con un trapo.

• Podemos dejar a nuestro gato solo en casa durante algunos días –no más de una semana–, si tomamos algunas precauciones:

1. Ante todo, le dejaremos una buena provisión de agua en un recipiente que no pueda volcar.

2. Unos tazones de pienso seco le garantizarán el alimento.

3. Pondremos a su disposición varias bandejas higiénicas con lecho limpio.

4. Permitiremos la entrada de luz natural y de alguna ligera corriente de aire.

Si viajamos en coche, las cosas son más fáciles, pero de todas maneras tendremos que tomar algunas precauciones. La primera es acostumbrar al gato, con anterioridad, a este tipo de desplazamiento. Los paseos por la ciudad son un buen comienzo. Para desplazarnos en coche, sin embargo, tenemos que tener un buen transportador. Debe ser resistente, estar bien ventilado y ser lo suficientemente seguro para que el gato no pueda escaparse.

Antes de viajar, ubicaremos el transportador donde el gato pueda familiarizarse con él. Si ponemos un juguete o una manta preferida en el transportador, podemos ayudar al gato a acostumbrarse.

Mientras conducimos, siempre mantendremos al gato dentro del transportador,. Esto nos garantizará conducir cómodamente y evitar peligros para nosotros y para el gato.

JUGAR Y COMPARTIR

Aunque el gato tiene fama de ser un animal independiente, también es cierto que necesita establecer relaciones con su entorno, especialmente cuando se trata de animales de grandes poblaciones. Que no sea tan independiente como, por ejemplo, los perros, no significa que no debamos darle mucho cariño ni jugar con él. Por el contrario, la relación que tenga con nosotros equivale a las que establece con sus semejantes en el entorno natural. De esta forma, según una teoría compartida por muchos expertos, estos animales tienen la tendencia de percibir al ser humano como un congénere más del grupo.

Conseguir que el gato se acostumbre al contacto y la presencia humana es realmente imprescindible para que la convivencia sea más fácil. Las etapas iniciales son las más importantes.

La relación que el gato establece con el hombre empieza a cimentarse en el período comprendido entre los dos meses de vida (destete) y los seis u ocho meses (aunque esto varía de unas razas a otras). Así, el comportamiento social del ejemplar adulto dependerá, en gran parte, de las condiciones de desarrollo del gato joven.

Cuando tenemos un gato en casa, debemos considerar que el juego es fundamental. Con él despliega el instinto y las habilidades de un buen cazador, desarrolla sus reflejos y músculos y, sobre todo, disfruta.

Si un gato en un jardín puede darse sus buenos paseos, la vida de un gato casero es mucho más sedentaria: del comedero a la cama y de la cama al comedero. Esto, unido a un exceso en la alimentación, nos conducirá irremediablemente a un gato gordo. Es necesario, entonces, proporcionarle las condiciones para que juegue.

Deberemos participar en el juego con nuestro gato desde pequeñito y seguir durante toda su vida suministrándole juegos, ya que será su principal forma de hacer ejercicio.

En los últimos tiempos, son cada vez más los dueños que sacan a pasear a sus gatos. Debemos acostumbrarle desde los primeros meses y usar petrales (nunca collares, ya que se pueden soltar) y correas adecuadas.

No debemos forzarles a caminar más de lo que ellos quieran. Para evitar que pueda coger pulgas, al igual que los perros se ponen collares antiparasitarios, para los gatos hay múltiples sistemas que el veterinario nos aconsejará.

En cualquier caso, serán momentos muy divertidos y sacaremos a nuestro gatito de su monotonía.

EL LENGUAJE DEL CUERPO

A través del lenguaje del cuerpo y de maullidos y ronroneos, el gato se expresa y se comunica con nosotros y con el resto de los animales. Algunas de sus características son:

▸ El ronroneo es un sonido exclusivo de los gatos, es signo de alegría y satisfacción. Si además cierra los ojos, quiere decir que se siente totalmente confiado y seguro en ese lugar y con esas personas.

▸ Cuando maúlla, quiere expresar algún tipo de queja; en general, que tiene hambre, sed o que se siente solo o inseguro.

▸ Cuando tiene las pupilas muy dilatadas, significa que está en estado de alerta o un poco molesto.

▸ Si echa las orejas hacia atrás y mueve la cola de un lado a otro, es señal de que está enojado, dispuesto a defenderse y aun a atacar, si es necesario.

▸ Si quiere un cariño o un mimo, arqueará la espalda y levantará su cola hasta encontrar respuesta ansiada de la mano de quienes le rodean.

06

LAS AVES

Las aves que podemos comprar como mascotas son las que, normalmente, han nacido en cautiverio. Es decir, han estado siempre viviendo en un sitio acotado y han estado siempre en contacto con humanos, de quienes han dependido para obtener comida. Todo ello hace que, al adquirir un ave como mascota, no tenga demasiados problemas de adaptación a nuestro hogar.

Con cualquier tipo de ave, lo conveniente es que la dejemos descansar durante las dos semanas posteriores a su llegada a la casa, para que se adapte a las condiciones ambientales y a la ausencia de sus parientes. Tampoco se recomienda soltar libremente al ave hasta transcurridas al menos dos semanas de su llegada a la vivienda.

En cualquier caso, cuando llevemos a nuestra ave a su nuevo hogar, debemos tener cuidado y ser sensibles hacia el hecho de que a cada tipo de ave le tomará diferentes períodos de tiempo para ajustarse a un medio ambiente desconocido. Durante los primeros días, la observaremos de cerca, tomando especial nota de sus hábitos alimenticios, deposiciones y comportamiento general del ave.

A la hora de comprar, sin embargo, tenemos que tener muy en cuenta que no se nos intente vender un ave salvaje domesticada (normalmente esto ocurre con los loros), porque lo más probable es que no se haya podido adaptar cien por cien a vivir con el hombre, a quien normalmente considera como su depredador. El loro capturado en la selva nunca será un loro-loro: se comportará como un ave salvaje, lo que es. Así, nos frustrará como compradores si esperamos de él que hable, juegue y que se comporte como un mascota, y acabará siendo un loro «errante». Existen suficientes loros nacidos en cautividad para elegir uno que se adapte a nuestras necesidades. Sólo tenemos que informarnos y elegir el que más se adapte a nuestra forma de vida y de vivienda.

LOCALIZANDO UN LUGAR

La búsqueda de un hábitat idóneo para nuestra ave es algo que deberíamos hacer antes de que llegue a casa. Tenemos que meditarlo a conciencia, porque una vez que hallamos instalado su jaula no es lo más aconsejable estar moviéndola de lugar, y es, en definitiva, el sitio donde vivirá nuestra mascota.

Según las cualidades particulares del tipo de ave que elijamos, tendremos que pensar en un lugar determinado. Por ejemplo, la cacatúa, los loros y los guacamayos son especies de talla media y con bastante plumaje, lo que les permite un mayor aislamiento para vivir en zonas al exterior casi todo el año. Por otra parte, este tipo de aves necesita un desarrollo físico adecuado, por lo que precisan de una jaula espaciosa que les permita la suficiente movilidad.

El periquito o el canario, por su parte, no necesitan tanto espacio para vivir, aunque son más sensibles a las bajas temperaturas, por lo que será necesario que la jaula se coloque en un lugar soleado de la casa. La gran variedad de accesorios y habitáculos que existe en el mercado ofrece un número de posibilidades inmenso. Por ejemplo, las jaulas clásicas de madera son idóneas para interiores y las más grandes (tipo circo), con plantas, troncos huecos o pequeños estanques, darán al jardín mucha vida y un toque diferente.

Existen modelos muy sugerentes en el mercado, pero es más recomendable, por el bien del animal, que prime la funcionalidad sobre la estética a la hora de escoger la «habitación» de nuestro amigo. Así, si somos amantes a ultranza de los canarios y queremos tener varios, es importante que compremos jaulas diferentes, porque se trata de pájaros muy territoriales. Una jaula de material metálico de 40 x 25 x 25 cm es una buena opción para un ejemplar, y si está equipada con varios colgaderos de diferente tamaño, mucho mejor. Hay que fijar la jaula en la pared de forma que no se mueva, para que el pájaro no se lastime saltando de una varilla a otra.

El habitáculo del canario debe estar protegido de corrientes de aire, del sol excesivo y fuera del alcance de otros animales. Además, debe estar equipado con un comedero y un bebedero, este último que no acumule residuos en las esquinas.

En el caso de los periquitos australianos, la jaula ideal para tenerlo es la de barrotes horizontales, ya que les encanta trepar hasta el techo. El suelo debe ser plano, para que puedan caminar después de revolotear. Debe tener su comedero y bebedero, siempre con alimento y agua frescos.

Lo ideal es que tenga una altura similar a la de los ojos del dueño y que sea bastante amplia para que el ave pueda realizar vuelos, aunque sean cortos.

LA OPINIÓN DEL EXPERTO

«La jaula para el loro verde tiene que estar colocada en una posición especial. Además de situarla en un lugar que disponga de luz y ventilación, es preciso que el posadero quede a la altura de los ojos. El objetivo es evitar que el loro quede demasiado por debajo de las personas, porque podría generar tendencias agresivas al sentirse dominado.»

Félix Abate
Criador de aves

Una de las ventajas del periquito es que se le puede dejar volar libremente de forma habitual por el hogar (excepto si tenemos otro animal de compañía, sobre todo gatos, capaces de hacer daño al ave). Siempre tenemos que guiarnos por nuestro sentido común para proporcionarle seguridad. Antes de liberar a nuestro perico, cerraremos las ventanas y las puertas, protegeremos las chimeneas abiertas (aun cuando no estén encendidas) y cubriremos todas las plantas de la casa. Para asegurarnos que el perico no se lastime por volar hacia una ventana, cerraremos las cortinas y cubriremos cualquier otra superficie de vidrio transparente.

Eso sí: tenemos que contar con que en la estancia donde lo dejemos volar encontraremos restos de plumaje, de alimento u otro tipo de desechos, como excrementos. Por ello, tendremos que extremar la limpieza en estos lugares, con el fin de evitar enfermedades o infecciones.

El sitio donde coloquemos la jaula no debe tener corrientes de aire, y es mejor que sea un lugar donde cuente con compañía, como la sala de estar o el salón. Además, la estancia en la que se encuentre el animal debe ser luminosa, aunque no es conveniente que el sol dé directo sobre él.

Si la mascota que elegimos es un loro verde, tendremos que ponerle una jaula amplia, porque es un animal que, en estado silvestre, vive en bandadas. Esto le permitirá volar, extendiendo sus alas para que no se le atrofien por falta de movimiento. Además, cuando se encuentre en el posadero, su cola no tiene que tocar el suelo. En general, las jaulas que venden en las tiendas son de tamaño reducido, así que tal vez debamos buscar mucho o adaptar una ya comprada.

También debemos procurar que esté elaborada con materiales resistentes y no tóxicos, y que no tenga ningún agujero o espacio abierto con el que el ave pueda dañarse. Es conveniente cubrir la parte inferior con papel para impedir que los parásitos se desarrollen, y lo aconsejable es que esté diseñada de tal manera que el animal no sea capaz de acceder a sus propios excrementos.

LA OPINIÓN DEL EXPERTO

FACILITAR LA MUDA

Uno de los indicios de que nuestra mascota está sana es que tiene las plumas brillantes, saludables, sin calvas. Veremos que para conseguirlo tenemos que alimentarlo correctamente, pero también facilitarle la muda del plumaje. Así se denomina al proceso consistente en la sustitución del plumaje más antiguo y deteriorado por otro nuevo y en mejores condiciones. El periodo de muda lleva consigo un desgaste que habrá que suplir con una dieta más rica en grasas, proteínas, hidratos de carbono, vitaminas y calcio, para que este proceso no debilite demasiado al animal y no le haga, así, más vulnerable a la enfermedad.

La muda puede ser gradual (se realizará de una manera tan progresiva que, en algunas ocasiones, no nos daremos cuenta de que se ha producido) o rápida. En el hemisferio norte, las aves suelen mudar entre julio y septiembre, coincidiendo con los meses de mejor tiempo, pero como se trata de animales de compañía que pueden estar viviendo en un ambiente en condiciones controladas, el periodo de muda no está atado a unas fechas muy marcadas.

Si vemos que la mascota tiene dificultades para deshacerse de las plumas, o simplemente queremos facilitar la muda y hacerla más rápida, podemos optar por una serie de medidas o trucos. La humedad ambiente y del plumaje favorece que el ave se atuse y acicale con más frecuencia, ayudando a quitar las plumas muertas y acelerando el proceso.

La manera más sencilla de humedecer el plumaje del pájaro es rociando con un atomizador dos veces por semana durante la muda el cuerpo del animal.

Las varillas para pararse deben ser de madera y estar colocadas a gran altura para que la cola no toque el suelo. Un detalle a tener en cuenta es que los bebederos deben ser pesados o estar sujetos a la jaula, ya que les encanta voltearlos.

HIGIENE DEL HÁBITAT

Mantener la jaula de nuestra mascota limpia es el primer paso para tener una ave sana. Un hogar limpio es, sin dudas, un hogar sano. La salud de nuestra mascota debe estar a salvo de bacterias, infecciones y parásitos, y para eso, la limpieza periódica y cuidadosa de la jaula es una cuestión vital.

Es importante limpiar no sólo la jaula, sino también las vasijas de alimento, las perchas, las fuentes de bebida y los juguetes con una solución muy diluida de desinfectante, una vez a la semana (aunque para algunos pájaros, como los loros, es preferible hacerlo tres o cuatro veces a la semana). Siempre debemos consultar al criador o al veterinario para asegurarnos que el producto que estamos utilizando no es nocivo para el animal. Por supuesto, los restos de excrementos y comida se deben eliminar diariamente.

Además, deberíamos contar con una caja segura donde mantener al ave mientras limpiamos la jaula. Despues de limpiar, sólo resta aclarar todo con abundante agua limpia y secar las partes antes de volver a colocarlas en la jaula.

Para evitar cualquier tipo de infección, desinfectaremos también, despues de cada limpieza, cualquier utensilio que hayamos usado para limpiar la jaula, y sólo lo utilizaremos con ese propósito.

HIGIENE DEL ANIMAL

En la mayoría de las aves, la higiene es un acto propio del animal. Ellas se lavan y acicalan a sí mismas, por lo que no requieren un cuidado excesivo. Sólo tenemos que preocuparnos por dejarles siempre agua fresca y limpia, y observar que realicen por sí mismas esta actividad.

LA IMPORTANCIA DEL GRIT

Para todos los pájaros, el grit es indispensable para la digestión de los alimentos. Se trata de pequeñas piedras silíceas que no se absorben por los jugos gástricos y que ayudan al músculo de la molleja a triturar los alimentos presentes en el estómago, en los que está mezclado. En la jaula o en la pajarera, la falta de grit puede acarrear gravísimos trastornos al aparato digestivo e impedir la capacidad de los animales para asimilar los alimentos.

En el caso de loros y periquitos, hay opiniones encontradas. Algunos criadores recomendarán que simplemente le dejemos un recipiente con agua templada para bañarse, mientras que otros nos aconsejarán una limpieza más profunda. El ejemplar doméstico criado en casa, según esta última tendencia, puede llevarse a duchar al baño y también se puede, con el tiempo, acostumbrar al agua templada. En ese caso, el loro alborotará las plumas y las sacudirá continuamente, en una demostración de satisfacción. Para los ejemplares criados en pajareras exteriores se puede recurrir a un pulverizador de agua.

«Ducharse es necesario, aunque el animal tenga la posibilidad de bañarse, porque en el agua de la ducha se puede mezclar un desinfectante ligero y porque así se lavará completamente al pájaro y no sólo las partes que puedan entrar en la bañera», señala Félix Abate, criador de aves. Después de la ducha, el loro deberá estar en un sitio caliente y lejos de corrientes de aire. Si lo tenemos en una pajarera al aire libre lo dejaremos un poco al sol para secarse.

ALIMENTACIÓN

Un aspecto que no podemos descuidar en el cuidado de las aves es la alimentación. La energía necesaria para el canto, el replume o el movimiento proviene de los hidratos de carbono, grasas y proteínas contenidas en los alimentos.

Los hidratos de carbono son utilizados como fuente de energía y se encuentran en todas las semillas en general: mijo, alpiste, maíz, avena, trigo o arroz. Las proteínas son necesarias para el crecimiento, reparación y mantenimiento de los tejidos; para el sistema de defensa, producción de hormonas y muchas otras funciones importantes que realizará nuestra mascota. Los alimentos ricos en proteínas son: huevos, insectos, lombrices, soja, levadura de cerveza, derivados lácteos y otros.

Las grasas también son necesarias. Proporcionan energía, transportan las vitaminas y mantienen el plumaje sano y brillante. Eso sí: tenemos que estar atentos para controlar su ingesta, pues consumidas en exceso dan como resultado aves obesas y alteraciones hepáticas. Las fuentes principales de grasas son: girasol, cáñamo, maní, lino, colza y sésamo, entre otras.

Las vitaminas son esenciales para la vida y se requieren muy pequeñas cantidades para el normal funcionamiento del organismo. Se administran a través de las frutas y verduras frescas, huevos, derivados lácteos y suplementos vitamínicos. Los minerales, al igual que las vitaminas, contribuyen al normal funcionamiento y, además, colaboran con el desarrollo de los huesos de las aves. ¿Cómo podemos proveerle minerales? A través de frutas, vegetales, huevos y derivados de la leche.

Pero si hay un elemento indispensable en el desarrollo de cualquier ave, y en general en la de cualquier organismo, ése es el agua, que debemos dársela fresca y de forma permanente.

Lo que queremos decir es que, en contra de lo que muchos creen, las semillas no proporcionan muchos de los nutrientes esenciales, por lo que es necesario complementar la dieta. Los minerales necesarios, como el calcio, yodo, hierro, cobre y manganeso, sólo se encuentran en los suplementos vitamínico-minerales.

Canarios

Su menú diario debe estar compuesto de una mezcla adecuada de granos: alpiste, avena sin cáscara, amapola, trigo, mijo, y mucha agua. Dos o tres veces por semana (o más, si el criador nos lo indica), les daremos un trozo pequeño de fruta o de hortaliza. Cada dos o tres días se les puede ofrecer granos germinados, que les encantan, y por lo menos semanalmente les debemos proporcionar ramas frescas y un poquito —no más de media cucharilla— de la yema de un huevo, mezclada con requesón. Entre los alimentos no permitidos (por indigestos) están el aguacate, las lechugas fumigadas contra parásitos, las patatas crudas y la naranja. Aunque la ingesta de los canarios no sea más grande que una cucharada sopera diaria, los comederos deben estar siempre llenos y limpios, al igual que el bebedero.

Periquitos
Su alimentación consta de mijo, alpiste, avena y cañamón, este último en pequeñas cantidades. También tenemos que añadir a su dieta verduras y fruta. Del mismo modo, hay que proporcionar al animal arena y calcio, que son necesarios durante la época de reproducción.

Tucanes
Uno de los aspectos que definen a este particular animal es que su estómago es muy pequeño, lo que les obliga a ingerir alimentos ricos en agua o solubles. Así, el alimento que proporcionamos a nuestro pájaro exótico deberá estar diluido en agua para facilitar el proceso digestivo.

Su dieta básica se compone de frutas y verduras, pero también puede incluir, en la medida de nuestras posibilidades, otros alicientes, como larvas, polluelos o reptiles. Estos últimos ingredientes, que el tucán consigue fácilmente en su hábitat y en libertad, son más complicados de obtener por la vía doméstica. Entre sus alimentos deben estar presentes frutas como la manzana, el melón, la pera, el mango, la fresa, el melocotón, el plátano, el kiwi, etc., y verduras como el pepino o la zanahoria. Podemos incluir algo de pan, pero que sea del tipo integral.

Para que un ave disfrute de su comida es necesario llevar a cabo una serie de recomendaciones básicas. Es importante limpiarle el plato donde recibe el alimento, así como el recipiente en el que bebe.

Además, hay que lavar las frutas y verduras que les demos para eliminar restos de pesticidas o productos químicos. Pero lo más importante es proporcionar las semillas apropiadas para cada tipo de ave, lo que contribuirá a mantener una dieta completa y equilibrada.

EDUCACIÓN: NORMAS BÁSICAS

Las aves que podemos comprar como mascotas provienen, normalmente, de criaderos, lo que nos garantiza que se adaptarán fácilmente a vivir en nuestro hogar. En el caso de las aves cantoras, no hay mucho que enseñarles. Ellas cantan según la especie y más allá de que les podamos enseñar algo. Pero las cosas cambian si lo que decidimos tener es un loro. Se adaptan fácilmente a la vida hogareña, pero es preciso proporcionarles el espacio y el cuidado que requieren.

Una de las premisas fundamentales para el cuidado de los loros es que deben saber quién manda en el hogar desde el momento en que llegan. De lo contrario, podrían comportarse de forma antipática, convertirse en dominantes y desarrollar problemas de comportamiento, perjudicando la relación entre los humanos con los que conviven.

Un loro que pica resulta desagradable y peligroso. Éste es uno de los malos hábitos que deben corregirse y nada mejor que decir «no», para que entienda nuestro desacuerdo con tal comportamiento.

Además de enseñarle a no picar es fundamental conocer qué expresa con cada movimiento. Cuando el loro quiere jugar y desea que quien entre en la habitación se acerque a donde él está, buscará la mirada de quien le interesa, la mantendrá fija y permanecerá erguido. Puede estremecerse para hacerse notar. Si no le hacemos caso, comenzará nuevamente la rutina señalada.

Una vez que nos acerquemos, bajará la cabeza y erizará las plumas de su cuello y frente, para lograr que le hagamos las caricias solicitadas. Las aves mansas, señalan quienes las conocen, llegan a tomar suavemente el dedo de la persona con el pico.

Pero más allá de los comportamientos deseables, si tenemos un loro o un periquito, seguramente desearemos que hable. Es una tarea relativamente sencilla, aunque requiere cierta constancia. Las aves jóvenes son mejores alumnas que las adultas.

El momento indicado para comenzar la tarea de enseñarles a hablar es entre los cuatro y seis meses, en el caso de los periquitos, y entre los seis y doce meses en aves más grandes.

Antes de ese tiempo, debemos ocuparnos de ganarnos la confianza de la mascota. Entrenar a cualquier animal, especialmente a un ave, implica paciencia y práctica. Desde la llegada a casa, dejaremos pasar un par de días para que el ave se acostumbre, luego nos acercaremos a la jaula cuidadosamente, repitiendo una frase de dos palabras, tal como «¡Hola bonito!».

Una vez que el ave acepte cómodamente ese acercamiento, podremos iniciar el entrenamiento con los dedos.

▸ Extenderemos el dedo índice a lo largo del columpio o barrita en la que se apoya el ave. Elevándolo desde debajo del pecho del ave, lo mantendremos hasta que salte a él.

▸ Moveremos la mano lentamente alrededor de la jaula, pasando al ave de columpio en columpio y susurrando sonidos alentadores.

▸ Luego de uno o dos días de práctica, intentaremos retirar la mano de la jaula con el ave asida al dedo.

LA OPINIÓN DEL EXPERTO

«La verdad es que la capacidad de imitación de los loros al habla humana se debe principalmente a la necesidad de socialización. En libertad, los loros viven en grandes colonias y aprenden a relacionarse unos con otros. Un loro en cautividad, es decir, en un hogar humano, sigue teniendo esa necesidad de comunicación, pero esta vez se dará cuenta de que no le bastará con silbidos y chillidos si quiere comunicarse con su nuevo entorno; necesitará aprender un lenguaje nuevo, que es el que entendemos como habla.»

Félix Abate
Criador de aves

▶ Trataremos de acariciarle el pico con el dedo índice de la otra mano.

▶ En el proceso de entrenamiento, todas estas acciones son buenos pasos para ganar la confianza del ave.

Si continuamos repitiendo la misma frase de dos palabras tan a menudo como podamos, pronto nuestra paciencia será recompensada. Una vez que aprenda esas palabras, añadiremos otra frase y la repetiremos hasta que también aprenda ésa. Podemos continuar con esta estrategia hasta que el ave construya un vocabulario extenso.

A los pericos, en particular, se les puede enseñar, con paciencia, a repetir sus primeras palabras en un tiempo aproximado de seis semanas, y puede expandir su vocabulario a más de cien palabras. Pero recordemos que es poco probable que un ave que no ha hablado durante los primeros nueve meses llegue a hacerlo alguna vez, aunque esto no es necesariamente imposible.

LAS CLAVES DEL HABLA

Lo más difícil es que el ave aprenda la primera palabra, y para ello nada mejor que repetírsela de la forma más clara y precisa posible. Es fundamental que mantengamos su atención, hablándole cerca. Hay que enseñar por asociación: la misma frase para cada cosa. Si le estamos enseñando a pedir comida, por ejemplo, usaremos siempre la palabra «dame» o «quiero».

Tenemos que evitar aburrir al ave con la misma frase: lo mejor es emplear la palabra en diferentes contextos, por ejemplo: «¿quieres comida?», «aquí tienes comida» o «qué buena está la comida».

Desde que el loro llega a casa hay que dedicar un tiempo diario a la conversación. Una buena manera de despertar su interés es contarle cosas, tal como si se tratara de un niño. Pero para conseguir enseñar a hablar a un loro hay un truco básico: la repetición.

▸ Para comenzar hay que elegir una palabra sencilla, «hola», o una expresión muy corta, tal como «qué tal», «qué pasa» o «qué rico», y repetirla o bien de forma regular a lo largo del día, o en sesiones de diez a quince minutos.

• Hay que asegurarse de que presta toda su atención, que no existen en la sala otros elementos que pueden atraer su interés, distrayéndolo del objetivo de nuestra labor.

• La entonación también es un factor importante; responden mejor a los sonidos agudos que graves, por lo que la voz femenina será más idónea para este tipo de tareas. Por ejemplo, un «hola» seco, seguramente no funcionará, pero un «hooola» alargando el sonido de la «o» y con entonación ascendente progresiva, para descender después en la última sílaba, será mucho más fácil de repetir.

• Es importante premiar con su más apreciado manjar la lección aprendida y, cuando se haya pasado a lecciones más avanzadas, no premiar si en lugar de repetir el nuevo sonido, sólo repite la lección anterior.

PRINCIPALES ENFERMEDADES

Podemos reconocer a un ave sana porque se mantiene derecha, vuela, se desplaza, come, canta y está alerta a todo lo que ocurre a su alrededor. Sus ojos están muy abiertos y tienen una expresión viva. Y si soplamos sobre las plumas abdominales observaremos que esta región del cuerpo mantiene un color rosado. Además, los músculos pectorales son carnosos y bien desarrollados.

LAS ENFERMEDADES DE LOS CANARIOS

▸ **Proventriculitis.** Es la inflamación del estómago glandular de las aves. Aparecen alteraciones físicas, químicas y anatomopatológicas. Es muy difícil de detectar, generalmente las aves mueren antes de ser detectado el virus, que se caracteriza por ser muy difícil de tratar.

▸ **Enfermedad de los ojos.** Se manifiesta con lagrimeos y formación de legañas. Esto se produce porque la jaula está ubicada en una zona con corrientes de aire. La solución es cambiarla de lugar.

▸ **Diarrea.** Heces muy líquidas y copiosas son un claro indicio de que el ave tiene problemas en su aparato digestivo. El problema puede causarlo una ingesta excesiva de verduras, pero también la falta de higiene en los cuencos de comida y de agua, que deben ser esterilizados.

▸ **Estreñimiento.** La obesidad puede causar estreñimiento al ave. Pero esta enfermedad también puede ser provocada por un exceso de fibra en la dieta. Un síntoma de este mal es que las

Hasta aquí, las características de un animal saludable. Pero ¿qué ocurre cuando nuestra mascota no está bien? Los síntomas de mala salud, en estos pajaritos, son claros: se aferran a su percha, ahuecan las alas e inclinan la cabeza.

Bien cuidados, es raro que los canarios enfermen. Por lo general, les basta una dieta adecuada y una buena jaula para mantenerse con buena salud. Si somos responsables con la limpieza diaria de su jaula, les suministramos semillas de calidad y el complemento

heces se tornan extremadamente secas o quedan retenidas en el recto.

▸ **Ácaros pulmonares.** Cuando los ácaros invaden las vías respiratorias, el canario muestra una merma general de sus condiciones físicas: se observa débil y con sueño, deja de cantar constantemente y resuella.

▸ **Picos y uñas largas.** Es fundamental que se recorten para permitir al ave posarse y comer con facilidad, de forma tal que no sufra los inconvenientes de una dieta insuficiente. Si no se tiene la destreza para hacerlo, lo mejor es dejar la tarea al especialista.

▸ **Plumas arrancadas.** Hembras y machos pueden arrancar sus plumas e incluso las de sus compañeros. Esto puede indicar presencia de piojos y otros parásitos externos, pero también la posibilidad de que el pájaro sufra tensión nerviosa o aburrimiento, e incluso, que la dieta que recibe no sea la adecuada.

necesario de fibra, vitaminas y minerales, y mantenemos la jaula al resguardo de corrientes de aire, nos ahorraremos muchas posibles enfermedades.

Sin embargo, puede darse el caso de que aparezcan problemas que nada tengan que ver con la negligencia de los amos. En estos casos, lo ideal es acudir al especialista lo más pronto posible, y no dejar pasar el tiempo en vano. Si tenemos más de un ave en la misma jaula, debemos contar con una que sirva de «hospital» a la hora de que enferme cualquiera de los animales, para evitar que las aves sanas se contagien.

El ritmo metabólico de los pájaros es extremadamente rápido, lo que significa que un animal enfermo puede morir en cuestión de horas si no se le brindan los cuidados y tratamientos necesarios. Si actuamos de inmediato, una vez que se manifieste cualquier síntoma de enfermedad, es casi seguro que el ave se recuperará rápidamente. Por eso, vale la pena instruirse para aprender a reconocer cualquier señal que indique que hay problemas.

CONSEJOS DE SALUD

▸ El vuelo libre diario fortalece el sistema circulatorio de las aves y vigoriza sus músculos.

▸ Alas colgando, plumas desaliñadas y ojos semicerrados indican decaimiento o enfermedad. Ojos brillantes y plumaje limpio indican salud.

▸ Un pájaro enfermo permanece ensimismado en la percha o colgadero. La higiene de la jaula y de las perchas contribuye a la salud de las aves.

▸ La humedad no es buena compañía, por lo que se debe evitar al máximo.

En el caso del canario, distinguiremos que no se encuentra bien cuando no se pose como lo haría uno sano. Seguramente no se moverá de su percha, ahuecará las plumas e inclinará la cabeza. Además, es probable que pierda el interés por todo lo que le rodea, incluso por la comida, por muy apetitosa que sea. Seguramente mantendrá los ojos semicerrados y sus deposiciones se tornarán muy duras o muy abundantes. Ante cualquiera de estos síntomas es fundamental consultar al veterinario o, de ser necesario, al servicio de emergencia y no dejar para el día siguiente las acciones a emprender. Si se espera, lo más seguro es que ya sea demasiado tarde.

En el caso de otras aves, ya sean exóticas, loros, periquitos, etc., la cuestión de la salud es importante no sólo para el animal, sino también para quienes convivimos con ellas. Por ello, es fundamental extremar la higiene con estas aves, tal como explicamos más arriba, para evitar que desarrollen cualquier tipo de enfermedad. Recordemos que la jaula y los accesorios han de limpiarse, lavarse y desinfectarse, que también es importante la higiene ambiental, porque muchos microbios se propagan por el aire.

Si cumplimos las más elementales normas higiénicas, como lavarnos las manos después de haber tocado a los animales, no corremos ningún peligro y no tendremos que preocuparnos ante la idea de que nos pueda contagiar alguna enfermedad (por ejemplo, la psitacosis).

De todas formas, nuestra mascota puede contraer las enfermedades típicas de su especie, y debemos estar atentos para actuar. Para reconocer a un loro o periquito enfermo observaremos si se producen estos síntomas:

▸ Escasa vivacidad: Observamos que la avecilla se queda en un rincón apartado de la jaula. Manifiesta muy poca o casi ninguna actividad y al tiempo hay ausencia de canto.

▸ Está inapetente o se muestra muy hambriento. No hay término medio, puede devorar o ayunar de un día para otro sin justificación alguna.

▸ Muestra una sed insaciable.

▸ Tiene las plumas arrugadas y las alas caídas.

▸ La respiración es ansiosa, ruidosa y con el pico abierto.

▸ Estornuda, tose o le gotea la nariz.

▸ Tiene los ojos medio cerrados, hinchados y brillantes.

▸ Las patas aparecen hinchadas y enrojecidas.

▸ Sus movimientos están faltos de coordinación.

▸ Permanece apelotonado con la cabeza bajo el ala.

▸ Tiene diarrea y las heces le ensucian la base de la cola.

▸ Tiene el vientre enrojecido, hinchado y duro.

▸ Tiene dificultades de evacuación: las heces son muy duras.

▸ Presenta una pérdida anormal de plumaje.

Estos síntomas deben hacernos acudir al veterinario, pues pueden ser indicio de que nuestra mascota padece alguna de las siguientes enfermedades:

▸ **Catarro de buche.** Se presenta en los casos en que se dan alimentos adulterados o comida verde sin lavar. El pájaro está triste, con el pico sucio, las plumas erizadas, el buche muy distendido, la piel violeta, deja de comer y bebe ávidamente. La enfermedad dura entre tres y cinco días y puede acabar con la muerte. Hay que darles granos limpios y lechuga bien lavada, pero convenientemente escurrida.

▸ **Catarro gastro-intestinal.** Aparece en los ejemplares jóvenes, se debe a la mala calidad del grano. El animal está triste, no come y las heces son blandas y acuosas, bebe abundantemente y adelgaza. Debemos separarlos para evitar contagio.

▸ **Estreñimiento.** Hacen inútiles y continuos esfuerzos para depositar sus defecaciones; se cura dándoles abundante lechuga.

▸ **Fracturas.** Se trata de roturas de algún huesecillo, particularmente de las alas o las patas. No suele haber complicaciones, pero si no se tiene cuidado, la soldadura puede no llevarse a cabo correctamente y el ejemplar puede quedar cojo.

▸ **Melancolía.** Puede darse si el periquito está solo, y más cuando se trata de adultos que han vivido en compañía. Si el solitario es macho, le desaparece la melancolía sólo con ponerle con otro, sea macho o hembra. En cambio, si es hembra, solo se remedia con un macho, ya que con una hembra la atacará, matándola si puede.

▸ **Obesidad.** El exceso de grasa no suele ser mortal para los loros o periquitos que no se dedican a la reproducción. El remedio más eficaz consiste en separarlos en una jaula individual, darles verdura y comida en cantidad suficiente para su nutrición, pero sin que se harte.

▸ **Parálisis de los jóvenes.** Es la disminución o privación absoluta de ciertos movimientos voluntarios. Las causas pueden ser una alimentación defectuosa, falta de luz solar, carencia de vitaminas, etcétera. Hay que darles abundante lechuga, hueso de sepia y luz solar directa.

▸ **Paratifosis.** Pierden la alegría, dejan de cantar y permanecen en los saltadores con las plumas erizadas, están con los ojos cerrados y su respiración es acelerada.

▸ **Pepita.** Se presenta como un tumor pequeño que sale debajo de la lengua, lo que les impide comer, y se conoce cuando el periquito está con la cabeza erizada y el pico casi siempre abierto.

▸ **Piojillo.** Son unos parásitos pequeñísimos que se alojan debajo de las plumas. Podemos reconocerlos si vemos al ave con las plumas erizadas, mostrándose inquieta y sin cesar de expurgarse. Se produce por la falta de higiene.

▸ **Ácaros de la sarna.** Se manifiesta en forma de costras en el pico, en la parte de la cera e incluso en las patitas. Se elimina con una pomada especial.

DE VIAJE

Si vamos a salir de viaje y queremos llevar a nuestra ave, tendremos que atenernos a las regulaciones establecidas según cada medio de transporte. Para los pájaros, la normativa es la misma que hemos explicado en los apartados de perros y gatos. Sin embargo, a la hora de trasladarnos con nuestro canario o periquito, deberíamos seguir algunos consejos:

▸ Conviene transportarlos en una caja de cartón. Si viajan en una jaula, probablemente se dañarán las plumas. Si viajamos con un loro, la caja ha de ser de madera, ya que sus costumbres son más destructivas.

▸ Nos aseguraremos de proporcionarle una adecuada ventilación. Basta con practicar unos orificios en la caja, pero que no sean demasiado grandes, pues podrían utilizarlos como punto de partida para abrirse camino y escapar.

▸ Introduciremos en la caja unas semillas y un trozo de manzana cortada en dados. Su necesidad de líquidos estará cubierta con esta fruta.

▸ Nunca transportaremos al pájaro en el portaequipajes del coche. Los gases del tubo de escape podrían penetrar y concentrarse allí, con fatales consecuencias.

07

REPTILES

Aunque pueda parecer una obviedad, lo principal antes de llevar un reptil a casa como mascota es informarnos. Son animales que requieren muchos cuidados y de los que, en la mayoría de los casos, la gente no sabe demasiado. Sus costumbres, su alimentación, la temperatura y el hábitat ideal deben ser aspectos que manejemos muy bien antes de que el animal llegue a casa. Por otra parte, debemos tener en cuenta que no todas las serpientes son adecuadas para criar en cautiverio, por lo que debemos evaluar cuáles son las más aptas para ello.

Una vez que hemos tomado la decisión y que hemos dispuesto de las comodidades de un terrario (como veremos más adelante), estamos listos para traer nuestra nueva mascota a casa. La adaptación, ahora, sólo depende de un aspecto: si el animal que hemos adquirido es de cautiverio o ha sido sacado de su hábitat natural.

Un animal criado en cautividad se adapta mucho mejor que uno capturado en su medio ambiente. Uno de los principales problemas al que se enfrenta el propietario de un animal exótico es proporcionarle a éste unas condiciones adecuadas que le permitan prosperar. Los animales «salvajes» tardan más en adaptarse (o incluso no

lo llegan a hacer) a las condiciones artificiales que les proporcionamos. Son más delicados, su alimentación es más compleja, admiten
un menor margen de error en sus cuidados, requieren condiciones
más estrictas y crían con mayor dificultad.

En el caso de un animal criado en cautividad, la ventaja es que no
tendremos que vérnoslas con los múltiples problemas asociados a la
adaptación.

Por su adaptabilidad, y también por razones de salud y ecológi-
cas, es imprescindible que pidamos la certificación de que el animal
que compramos ha sido criado en cautiverio.

Cuando tengamos que transportar un reptil, podemos hacerlo en
una pecera o caja (en el caso de tortugas, por ejemplo), o en una
bolsa de tela cerrada por arriba (para las serpientes). El terrario ya
debe estar instalado, pues no se puede tener al animal en una caja
provisional mucho tiempo. Si ya tenemos otros reptiles, debemos
poner al nuevo huésped en cuarentena de uno a tres meses para
evaluar su estado de salud.

La mayoría de los reptiles se estresan por el cambio de ambiente, por
lo que debemos abstenernos de manipularlos unos cuantos días (tres
como mínimo) y tenerlos a una temperatura adecuada para que los ayude a fortalecer el sistema inmunológico.

LOCALIZANDO UN LUGAR PARA EL ANIMAL

Es uno de los temas fundamentales si queremos darle una buena
vida a nuestra mascota. La mínima variación con respecto a su alojamiento de alguno de sus factores (luz, temperatura, humedad)
puede resultar fatal. Es fundamental tomar en cuenta al medio
natural donde viven en libertad e intentar reproducir al máximo
estas condiciones.

Si tenemos un reptil en casa, entonces, lo primero que tendremos que acondicionar es un terrario. Son como peceras de vidrio, o
bien cajas de madera, que se adaptan a las necesidades del reptil
que tengamos. Normalmente (aunque varía según las especies) tie-

nen un sustrato de hojarasca o gravilla fina. En su interior deben existir diferentes zonas, de calor y templadas, iluminadas y oscuras, con escondites, y una cubierta de rejilla para una adecuada ventilación. Por supuesto, también habilitaremos un bebedero y un comedero.

En el caso de las serpientes, si tenemos una especie arborícola como el pitón o la boa constrictor, hay que elegir terrarios altos. Si se trata de especies tropicales, es fundamental que el terrario esté húmedo, como es el caso de la boa, que necesita un 80 por ciento de humedad. Si en cambio estamos hablando de alguna especie europea, hay que instalar terrarios secos con calefacción, cuidando muy bien de esconder las resistencias para evitar graves quemaduras. Incluso pueden ser necesarios termostatos que regulen las diferencias de temperaturas de la noche y del día.

Cuando la mascota es una tortuga, el terrario se tiene que amoldar a la cantidad y al tamaño de los animales que va a albergar. Cuando estos reptiles son pequeños, un acuario viejo puede ser suficiente, pero al crecer es necesario comprar un recipiente de mayores dimensiones. Su altura debe ser de aproximadamente treinta centímetros para evitar las corrientes de aire. El fondo de este receptáculo debe estar cubierto con una capa de gravilla gruesa, rocas redondeadas y ramas secas, que aportarán comodidad al animal.

Al igual que el resto de los reptiles, las tortugas no tienen una temperatura interna constante. Por esto necesitan fuentes externas de calor. Basta con unas lámparas infrarrojas, que permiten el calentamiento del terrario y de la tortuga sin elevar la temperatura ambiente. De todas formas, debemos permitir que de cuando en cuando la tortuga reciba directamente los rayos del sol que van a optimizar la producción de vitamina D, saludable para su piel.

Por otro lado, es conveniente colocar en algún lugar del terrario un refugio y un recipiente. El primero sirve para que las tortugas puedan resguardarse ante los cambios de temperatura y para que pasen retiradas su hibernación en otoño. El recipiente, por su parte, sirve para adecuar el grado de humedad.

En el caso de las iguanas, tendremos que esforzarnos un poco más con el terrario que le proporcionemos. Su caja debe ser lo suficientemente grande como para correr, y alta para que pueda escalar. Para una iguana pequeña, un terrario de 70 x 70 x 30 cm puede ser adecuado.

A ellas les encanta escalar, para eso hay que colocar dentro de la caja ramas gruesas, en las que puedan apoyar completamente el cuerpo, bien firmes para que no se caigan. Las iguanas saltarán de una rama a otra, y también las utilizarán para refugiarse. También hay que colocar algún objeto en el que se puedan esconder, como piedras, una corteza de árbol o un cacto seco para meterse dentro.

Es bueno sacar a las iguanas de la caja a veces para que ellas puedan correr libres por la casa, y escalar los muebles. También venden unas pequeñas correas que no lastiman el cuero de ellas para pasearlas por todos lados.

Igual que con las tortugas, tendremos que proporcionarles calor en su terrario. Las iguanas lo necesitan para poder desarrollarse, para digerir la comida apropiadamente y para luchar contra las enfermedades. En su terrario, la temperatura debe ser de unos 30 °C, pero también debe tener un área más fresca donde ella pueda refrescarse.

Las iguanas también necesitan agua en el ambiente, como humedad para mantener fresca su piel. El pequeño plato con agua, con el calor dentro de la caja, puede mantener una alta humedad al evaporarse el agua, o si no, se les puede echar agua dentro de la caja con un rociador. Además, necesitarán, al menos, 30 o 45 minutos al día de luz solar, especialmente en verano.

HIGIENE

La higiene del animal está directamente relacionada con la limpieza del terrario. Por eso, es muy importante que elijamos con cuidado qué material pondremos como sustrato, pues tendremos que limpiarlo de restos de comida y de defecaciones. El idóneo dependerá de la especie y del tipo de terrario.

Una de las opciones es el césped artificial, similar al que se utiliza en algunas pistas deportivas, que puede conseguirse en las tiendas especializadas en manualidades o bricolaje. De entre todas las opciones es una de las más seguras, higiénicas y de fácil mantenimiento: su limpieza es muy sencilla, pues se puede disponer de varios pedazos cortados a la medida del terrario para así irlos reemplazando mientras se limpian. Sólo debemos tener cuidado de que no se queme, ya que podría desprender vapores nocivos. También se debe cortar bien para evitar que se deshilache.

La turba o tierra de jardinería es muy natural y segura, pero su mayor inconveniente es que no resulta fácil mantenerla limpia, a lo que se suma que cambiarla periódicamente es una tarea bastante engorrosa. El papel de periódico, por su parte, es barato, higiénico y seguro, pero es evidente que su aspecto es muy poco natural para con el animal.

Lo que no es muy aconsejable utilizar, sobre todo en el caso de serpientes, es la tierra, arena o grava, ya que, aunque su aspecto resulta muy natural y atractivo, tiene serios inconvenientes: es más probable de lo que se cree que la serpiente ingiera accidentalmente granos de tierra y gravilla, lo que podría ocasionarle una grave obstrucción

LA OPINIÓN DEL EXPERTO

«Cuando una iguana no come correctamente, hay que preocuparse. Esto se puede deber a diferentes motivos, unos más peligrosos que otros. Algunos de ellos son: problemas metabólicos, problemas intestinales, parásitos o estrés. También se puede deber a una alimentación inadecuada, infecciones o un nivel de humedad incorrecto. Si tiene inapetencia, incluso puede tratarse de un síntoma de embarazo.»

Francisco Pérez Vélez
Criador de reptiles

intestinal. Otro inconveniente es que es muy difícil mantener limpio un suelo de este tipo.

Con cualquier tipo de sustrato que elijamos, el mantenimiento de una limpieza rigurosa es fundamental para la salud de nuestra mascota y contribuye a un buen aspecto general del terrario. Cada día tendremos que sacar los excrementos (si los hay) o los restos de comida, y cambiar el agua. Además, cada tres o cuatro meses hay que reemplazar el sustrato, limpiar con lejía diluida o con alcohol de 90°, aclarar muy bien, secar y volver a poner todo en su sitio.

ALIMENTACIÓN

De entre todos los reptiles, las tortugas se encuentran entre las que menos complicaciones traen a la hora de alimentarse. A las tortugas terrestres, en general, podemos darles toda clase de verduras y frutas, como lechuga, tomate, zanahorias, ciruelas o fresas. Para completar su dieta se les puede dar un poco de carne, como hígado de ternera, carne picada, caracoles o insectos. Además, tienen que tomar calcio, que se puede complementar con un bloque mineral o con preparados específicos.

Si hablamos de serpientes, tenemos que distinguir a qué tipo nos referimos. En contra de lo que mucha gente cree, las serpientes no se alimentan exclusivamente de mamíferos: muchas especies lo hacen también de insectos u otros pequeños invertebrados, peces, moluscos, huevos, ranas, e incluso de otras serpientes o reptiles, como lagartos. Aunque los roedores son la base de la dieta de muchas especies, existen numerosas serpientes que comen otro tipo de presas, y es imprescindible informarse al respecto.

Estos carnívoros necesitan una dieta variada para evitar que desarrollen carencias nutritivas, que lamentablemente son muy frecuentes durante su vida en cautividad. Siempre es importante seguir los consejos del criador o de un veterinario para determinar exactamente qué debe comer la serpiente que tenemos.

La salud de nuestra mascota depende p incipalmente de una correcta alimentación. Su dieta ha de ser muy variada y rica en vitaminas y proteínas. En el caso de las iguanas, además, es imprescindible que la comida sea cortada en pequeños trozos antes de ofrecérsela a esta mascota, puesto que así se facilitará su digestión. En cuanto a la temperatura de los alimentos, debe ser siempre templada.

A las iguanas, como son animales herbívoros, evitaremos darles de comer alimentos de origen animal. Además, restringiremos de su dieta algunos vegetales, como espinacas, apio, coliflor o brócoli, ya que se trata de verduras con altos contenidos en ácido oxálico que no puede ser metabolizado por el lagarto. También resulta nociva la tanina, contenida en zanahorias, plátanos, uva, lechuga, ruibarbos o cebollas. Pero, ante todo, hay que procurar que la iguana no coma lechuga, porque, además de que no aporta vitaminas, proteínas, calcio ni fósforo, le quita el apetito.

PRINCIPALES ENFERMEDADES

En los reptiles, las enfermedades, en general, están relacionadas con tres causas principales: una mala calidad del agua, falta de luz, calor o humedad apropiados y deficiencias en la alimentación. Por eso, la forma en que los cuidemos incide directamente en su salud.

Con todo, la primera y principal preocupación que hay que tomar es a la hora de elegir el ejemplar, ya que es preferible tener ejemplares criados en cautividad que ejemplares capturados en su medio salvaje. Aunque éstos pueden ser más baratos en un primer momento, suelen presentar una serie de problemas, especialmente el debilitamiento del sistema inmunodefensivo por el estrés sufrido desde el momento en que fueron capturados y durante los envíos, lo que les deja indefensos ante infecciones de parásitos u otras enfermedades.

Las causas más comunes de enfermedad son los trastornos alimenticios y las complicaciones derivadas de esos trastornos (retención de huevos, infecciones). Tenemos que tener un especial cuidado en prevenir los accidentes que pueden ocurrirle a la tortuga, ya que por su tamaño reducido, cada vez que la sacamos del terrario la exponemos a unos cuantos peligros: ataques de perros, caídas de balcones, aplastamientos –tanto porque la pisemos nosotros o el coche–, etcétera.

En la observación detallada de la tortuga podemos encontrar los síntomas de una posible enfermedad:

▸ **Ojos hinchados.** Si la tortuga mantiene los ojos cerrados, se ven hinchados y eventualmente se niega a comer, podemos sospechar de una infección ocular causada por agua sucia o falta de vitamina A.

▸ **Decoloraciones o manchas blancas en el caparazón.** Una capa blancuzca como de algodón sobre el caparazón puede ser una infección de hongos.

▸ **Caparazón blando con manchas blancas.** Se trata de una condición seria causada por falta de calcio y falta de una luz de espectro total (luz solar directa).

▸ **Constipación.** Su causa es la dieta y es de fácil diagnóstico: ocurre cuando la tortuga ha estado comiendo regularmente y no hay excrementos.

Otras enfermedades típicas pueden ser el cambio de comportamiento, la respiración anormal, tos o estornudos y diarrea.

Las iguanas, al contrario que las tortugas, no son propensas a contraer enfermedades. Sin embargo, una mala elección o un cuidado inapropiado pueden derivar en afecciones peligrosas. Como siempre, la prevención es el mejor de los remedios.

Cuando se es propietario de un animal, hay que estar atento al menor desajuste o síntoma de enfermedad. En el caso de la iguana, se ha de observar si está decaída, deja de comer o se comporta con anormalidad. Así mismo, hay que tener en cuenta su ritmo de respiración, si tiene mucosidades alrededor de la boca o de la nariz, si expele aire de forma ruidosa o con dificultad, o si sus ojos no están abiertos y limpios. También es importante comprobar que sus excrementos son normales y que sus miembros no están inflamados u oscurecidos. Si algo de esto ocurre, es preciso que el animal sea atendido inmediatamente por el veterinario.

Si tenemos una serpiente, nos costará más darnos cuenta de que está enferma, porque es un reptil casi asintomático, que no demuestra que está enfermo para no alertar de su debilidad a los depredadores. Es decir que, cuando muestran síntomas de enfermedad, es que la misma ya está bastante avanzada; por eso debemos actuar con rapidez. Los dos problemas que más muertes producen en reptiles son los parásitos, y las enfermedades derivadas de la mala alimentación.

AL VETERINARIO

Si vemos que nuestra serpiente presenta alguno de estos síntomas, debemos llevarla de inmediato al veterinario:

▸ Se niega a alimentarse, regurgita, adelgaza o tiene un crecimiento lento.

▸ Está deshidratada, permanece demasiado tiempo en el agua, está estreñida o sus heces son claras, con sangre, bilis o mucosa, o con olor más intenso que lo normal, o si tiene diarrea.

▸ Si presenta lesiones en la boca o piel, no cierra la boca completamente, presenta ampollas, hinchazón, estornuda o tiene dificultades neurológicas (temblores o convulsiones)

08

ROEDORES Y PEQUEÑOS MAMÍFEROS

Así como a algunas personas los roedores les producen rechazo, repugnancia o incluso fobia, para otros pueden ser los animales más cariñosos y simpáticos, y no dudarán en adoptarlos como mascotas. Hoy día es muy común encontrarnos con un hámster como mascota, aunque también hay otros roedores, como cobayas (conocidos como conejillos de Indias), que son el animal de compañía preferido. Los conejos o incluso los hurones (que parecen roedores pero no lo son) pueden ser nuestra mascota, y debemos saber cuidarla.

EL HÁMSTER

Tal como ocurre con otras mascotas, el hámster sufre el estrés de cambio de hábitat y de traslado, por eso es muy importante que, cuando lo llevemos a casa, le demos un par de días para que se habitúe a su nueva jaula y examine los olores y sonidos de nuestra vivienda. Antes de su llegada deberíamos tener preparada su jaula con todos sus accesorios y abundante comida y agua. Si al meterle en la jaula empieza a olisquear todos los rincones y a comer, será señal de que es un hamstercillo confiado y será fácil que se adapte a nosotros; si, por el contrario, se mete en la casita-dormitorio asustado, quizá haya que tener un poco más de paciencia.

Hay que colocar la jaula en un lugar tranquilo, sin corrientes de aire, y procurar no intentar cogerle. No hacer movimientos bruscos cerca de él ni hablar en voz muy alta. Nos dirigiremos a él con voz suave y calmada (aunque no salga de la casita) para que aprenda cómo suena nuestra voz y sepa reconocerla como algo familiar.

Normalmente, el hámster duerme durante el día, y no tiene sentido intentar un acercamiento. Esto siempre se debe hacer al atardecer, cuando el hámster se ha despertado, desperezado, aseado y comido un poco. Hay que meter muy despacio la mano en la jaula para que no se asuste y esperar a que el hámster se acerque a olernos.

Una de las ventajas del hámster es que podemos tenerlo como mascota aun en espacios reducidos. Además, no es un animal muy exigente: basta con mantener su jaula limpia, la cual no debe ser la misma que se usa para pájaros. Es ideal que tenga los barrotes horizontales pues le encanta trepar. Uno de los accesorios fundamentales es la rueda para que corra, pues sin ella puede engordar mucho. Para evitar malos olores, debe colocarse en la base de la jaula un periódico, que debe cambiarse todas las veces que sea necesario, y un trozo de papel absorbente en el recinto que le sirve de dormidero. Además, lavaremos el cuenco de comida cada vez que cambiemos el alimento.

Durante la limpieza de la jaula, tenemos que tener al hámster en un sitio seguro para evitar caídas que pueden resultar mortales. Tampoco es recomendable que los niños muy pequeños lo manipulen porque suelen apretarlos demasiado, con lo cual es fácil que se ganen un mordisco. En caso de que ocurra, debe curarse la pequeña herida y enseñar al niño la manera de manipularlo.

Con respecto a la comida, el hámster no es muy pretencioso. Disfruta con las hojas de las semillas de alpiste, de la lechuga y de otras verduras, como la patata y el apio cocidos. Según los expertos, no debe dársele perejil, ni cebollín, ni otras hierbas usadas para ali-

HIGIENE DE LOS ROEDORES: CUIDADOS BÁSICOS

Para prevenir enfermedades, es importante que, además de asear su jaula, mantengamos a nuestra mascota limpia. Para ello, y siempre considerando la precaución de evitar corrientes de aire, bañaremos a nuestro roedor preferido una vez cada tres o cuatro meses. Es importante que tengamos cuidado con la temperatura del agua: ni muy fría, ni muy caliente. Podemos hacer uso de un champú neutro para que su pelo luzca brillante tras secarlo, pero estaremos alerta permanentemente para que no se le meta jabón en los ojos.

A la hora de secarlo, optaremos por una toalla de algodón suave, nunca intentaremos hacerlo con un secador. Es bueno que cuando nuestra mascota aún no esté totalmente seca, la coloquemos un rato al sol, pero no demasiado. También procuraremos cepillarle el pelo para librarlo de polvo. Por último, si observamos pequeñas legañas en sus ojos, podremos quitarlas con la ayuda de un bastoncillo empapado en agua tibia.

ñar, como tampoco zanahoria en exceso, porque puede ocasionarle trastornos en el hígado. La remolacha contiene azúcar, por lo que no debe abusarse de ella, y el chocolate puede ocasionarle alteraciones en el intestino. Lo que sí podemos darle es un complemento alimenticio: le encanta roer trozos de pan duro, de manzana o de melón.

A la hora de jugar, tanto nosotros como nuestra mascota podemos divertirnos mucho. Una vez que hemos logrado su confianza, podemos dejarlo sobre nuestro regazo y, con cuidado de que no se caiga, le dejaremos corretear sobre nosotros. Esto les encanta y sobre todo conseguiremos que relacionen nuestro olor con algo divertido.

Podemos también aprovechar para acariciarle el lomo con suavidad, acercando la mano muy despacio. Si vemos que se revuelve es mejor no forzarle e insistir en otro momento. Si se deja acariciar, podemos intentar cogerlo con cuidado, rodeándolo con la mano y metiendo el pulgar, el índice y anular por debajo de él sin cubrir su cabecita. Al levantarlo pondremos debajo de su cuerpo la otra mano y dejaremos entre las dos manos una cavidad. Hasta que se tenga práctica en cogerlo, es conveniente situarse sobre un lugar blando por si se cayese (un sillón, una cama, etcétera).

LA COBAYA

Es uno de los roedores más solicitados después del hámster y, aunque no tiene tantos adeptos, es incluso más fácil de cuidar que otros roedores.

▸ Se alimenta sin problemas durante el día.

▸ Es longevo.

▸ Habitualmente tiene menos hijos.

▸ Su carácter es tranquilo y nada violento.

▸ Su domesticación es muy sencilla y se puede conseguir incluso que obedezca órdenes no muy complicadas si lo cuidamos bien.

Con respecto a su vivienda, debemos seguir los mismos consejos que para cualquier roedor como el hámster: buscaremos una jaula tipo conejera de dimensiones amplias, con un espacio proporcional al tamaño del roedor para que éste juegue en la jaula y pueda hacer ejercicio con los juguetes que le coloquemos.

En el suelo de esta jaula podemos extender papel o un sustrato especial, que cambiaremos habitualmente debido a las defecaciones. Dentro de la jaula, dispondremos una pequeña cama donde nuestra cobaya pueda descansar por la noche, pero siempre construida de material absorbente.

Con respecto a la alimentación, también debemos tener en cuenta que se trata de un animal herbívoro, por lo que podemos darle preparados alimenticios que combinaremos con fruta y verdura troceada. Las pipas sin sal de girasol, por ejemplo, pueden ser, además de un buen complemento, un entretenimiento para nuestra cobaya. El bebedero con agua también es importante, y lo cambiaremos todos los días. La jaula deberá colocarse en un lugar de nuestra vivienda a resguardo de la luz directa del sol.

EL HURÓN

El hurón se ha convertido en un habitual animal de compañía en Estados Unidos y en Europa. Aunque por su aspecto parecen roedores, lo cierto es que pertenecen a la familia de los mustélidos, la misma que la de los minks, comadrejas o zorrillos. Las ventajas que tienen son muchas: se caracterizan por su simpatía y por ser cariñosos y juguetones. Además, superan en inteligencia a los perros y a los gatos, las mascotas más comunes. Así, son capaces de aprender numerosos trucos y normas que hagan más fácil la convivencia con ellos.

Son mascotas que necesitan la atención diaria por parte de sus dueños. No se trata de una especie de hámster o cobaya que se puede tener confinado en un acuario o una jaula pequeña: hay que pensar en ellos más como en un perro o un gato. Los hurones pueden vivir bien en una jaula de dimensiones medianas, con la condición de que se les permita salir al menos unas horas al día.

Esta jaula debe ser amplia y, si es posible, debe incluir elementos para que se mantenga distraído, como escaleras o túneles, además de dos platos hondos, uno para la bebida y otro para el alimento, y una caja para sus necesidades. La cama del hurón, dentro de la jaula, se puede realizar con camisetas o trapos.

Con respecto a la alimentación, tenemos que puntualizar que, si bien los hurones domésticos descienden de animales cazadores, están acostumbrados desde hace generaciones a comer alimento equilibrado. Esto no impide que puedan ser alimentados con productos frescos como huevos, carne, algunas frutas, etc., pero hacerlo de ese modo es más engorroso y es difícil mantener una dieta equilibrada. Los hurones no han perdido sus instintos cazadores, por lo que cualquiera de ellos podrá dar cuenta de un pájaro herido. Lo que hay que evitar es que ingiera productos lácteos, cafeína o chocolate, porque le producen diarrea. Cuando se le quiera premiar se le puede dar pasas, uvas, frutas o vegetales, siempre teniendo claro que estos regalos no constituyen un sustituto alimenticio.

El cuidado y la higiene son sencillos. El hurón puede ser aseado como cualquier otra mascota, aunque no es conveniente realizarlo de manera muy regular. Así, es recomendable bañarlo cada dos o tres semanas; en, invierno una vez al mes, para no dañar su piel, que se reseca e irrita con facilidad. El agua con que le bañemos debe ser más bien caliente y conviene usar un champú especial para el cuidado de los ojos.

EL CONEJO

Cuando llevemos un conejo a nuestro hogar, experimentaremos su carácter tímido, nervioso y asustadizo, al menos hasta que se acostumbre a su nueva casa. Primero se quedará quieto en un rincón, pero después, a medida que vaya tomando confianza, se desplazará a otros lugares que le determinemos. La adaptación será más o menos lenta, dependiendo de la atención que le brindemos.

Un conejo debe sentirse seguro y cómodo en el hogar. Debemos tenerle en un lugar donde transite sin problemas. Eso sí: al diseñar los sitios por donde puede pasar en la casa, debemos recordar que le gusta morder casi todo lo que tiene cerca, incluso cables eléctricos, con los que puede electrocutarse.

Así, su espacio deberá estar bien determinado, con un lugar donde pueda dormir (puede ser una jaula). Ello no significa que debamos mantenerlo eternamente encerrado. La jaula será para el conejo su «hogar», en el cual destinará un espacio para comer, jugar, dormir y descansar. Otra alternativa es construir una «casa» de madera. Este espacio debe mantenerse siempre ventilado, tanto en verano como en invierno. El conejo puede estar en el patio o jardín, cuidando en las épocas de calor que tenga sombra y que en el invierno esté libre de humedad. Los conejos son capaces de resistir temperaturas bajo cero, pero son poco tolerantes al calor.

Su dieta se compone de diversos vegetales, con un componente fibroso preponderante, es decir, comen mucho forraje y poco grano. Debe contener gran cantidad de celulosa y no demasiados azúcares simples o almidón, que pueden fermentar rápidamente en su lento tránsito intestinal. Existen tres componentes principales en la dieta de un conejo: el forraje seco (componente principal de la dieta), los alimentos concentrados (en cantidades mínimas) y los alimentos verdes, que pueden constituir el 45 por ciento de la dieta, pero hay que acostumbrar poco a poco al animal.

En cuanto al agua, es conveniente saber que requieren de tres a cinco litros de agua fresca y se recomienda que el recipiente sea lo bastante pesado para que no lo tire.

LAS ENFERMEDADES DE LOS CONEJOS

El conejo tiene que ser controlado diariamente para detectar cualquier anormalidad. Tenemos que asegurarnos de que beba agua y coma sus alimentos. También es necesario inspeccionar sus dientes con regularidad: tienen que estar firmes, y los superiores sobrepasando a los inferiores.

Es necesario vigilar que no tengan pulgas o piojos, y se puede usar aceite de cocina para suavizar las orejas.

Ácaros en las orejas

Pequeños huevos que se alojan en las orejas de los conejos. En general, la causa es la acumulación de costras producida por el rascado o sacudida de las orejas. Para sacarlas podemos untar un algodón con agua mineral o aceite de oliva y pasarlo por la zona mencionada, una vez al día por tres días.

Orina roja

Es la señal de una falta de nutrientes. Debe ser visto por un veterinario.

Mucosidades

Implican infecciones respiratorias, o bien que el conejo sufre estrés. Se manifiesta con secreciones nasales, ojos llorosos y estornudos.

Llagas o úlceras

Se producen por contacto con suelos rugosos en las plantas de las patas. Una superficie rugosa o muy dura dañará las delicadas patas del conejo. Estas heridas son muy difíciles de tratar, así que conviene evitarlas.

Cuello torcido

Se origina por una infección bacteriana en la oreja interna asociada con enfermedades respiratorias.

Ojos llorosos

Lagrimales tapados. Necesita tratamiento.

Maloclusión

Es un defecto en los dientes del conejo provocado por razones genéticas, infecciosas o traumáticas. Uno de los síntomas es un defecto en la mordedura y pérdida de apetito.

EL ERIZO ENANO

Desde hace más de veinte años se vienen criando algunas especies de erizos con el fin de mantenerlos como mascotas. Aquellos que cuentan con la compañía de estos simpáticos insectívoros afirman que son unas mascotas excepcionales, inteligentes y cariñosas con sus dueños.

El erizo es un mamífero insectívoro, tiene la parte superior del cuerpo de forma semiesférica, recubierta por abundantes púas, cortas, con el extremo redondeado y no serradas. Las púas forman un escudete semiesférico que cubre las extremidades posteriores y la cola. La cara y la parte inferior del cuerpo están libres de púas y quedan recubiertas por un pelo relativamente suave. Tienen el cráneo alargado, con el hocico puntiagudo. El color varía entre distintas tonalidades de marrón y beige.

En la naturaleza los erizos suelen comportarse como animales solitarios y territoriales, que solamente se reúnen en parejas durante la época de cría. Sin embargo, cada vez existe una mayor tendencia a considerar que estos animales no tienen un comportamiento tan solitario e individualista como hasta ahora se había supuesto.

A la hora de alojar a un erizo hay que tener en cuenta sus necesidades y sus peculiaridades. Lo primero que debemos saber es que, como el hámster, es un animal de hábitos nocturnos, por lo que debemos proporcionarle durante el día un lugar tranquilo en el que no sea molestado para que pueda dormir. Por lo general los erizos se empiezan a mostrar activos a partir de las diez de la noche; si nos gusta meternos pronto en la cama, no vamos a obtener demasiado de un animal que se muestra activo mientras nosotros dormimos. Por sus hábitos nocturnos, tampoco son una mascota adecuada para niños pequeños (ya estarán en la cama cuando sus erizos estén jugando, y tenderán a molestarles durante su sueño diario).

En segundo lugar, los erizos son animales muy activos (aunque no parezcan), así que su jaula debería contar con suficiente superficie como para permitirles realizar ejercicio. Hay que tener cuidado con el tipo de jaula que les proporcionemos, porque los erizos trepan, así que su recinto deberá ir provisto de una tapa si la jaula tiene barrotes o malla. Los acuarios no son adecuados como alojamiento para los erizos, puesto que no cuentan con suficiente ventilación.

Como sustrato, habrá que usar uno que resulte seguro para los animales. El papel de periódico cortado (sin tintas de colores) es la mejor elección.

Tendremos que poner la jaula donde no haya luz directa pero sí calefacción. En ella no debe faltar un comedero y un bebedero, y un refugio cuyo interior permanezca oscuro, para que nuestro erizo pueda descansar tranquilamente en su interior. El equipamiento de la jaula puede completarse con una rueda de ejercicio de un tamaño suficiente para nuestra mascota (las de cobaya suelen ir bien). Por último deberemos proporcionar a nuestro erizo un recipiente para que haga sus necesidades.

Uno de los principales problemas con el que podemos encontrarnos es darle de comer. En los países donde los erizos se crían como mascotas existen piensos comerciales formulados especialmente diseñados, pero para quienes viven fuera de Estados Unidos y Canadá es más complicado. La opción más accesible, entonces, es pienso específico para mamíferos insectívoros. No es una dieta ideal, pero se aproxima bastante.

Si no conseguimos ninguno de los tipos de alimento mencionados, la opción que nos queda es suministrar a nuestros erizos alimento para perros o gatos. Hay que tener cuidado con este tipo de dieta, puesto que suele ser excesivamente rica en grasas y proteínas y demasiado pobre en fibra para las necesidades de un erizo. Para suplementar esta dieta se puede intentar darles algún tipo de fruta, y también insectos, como grillos, gusanos de la carne (preferiblemente muertos), tenebrios o lombrices de tierra.

Respecto a los cuidados, son pocos. Si se mantiene limpio el alojamiento, son animales que no huelen, aunque la orina de los animales más jóvenes sí puede llegar a desprender un olor claramente perceptible. No es necesario bañar a los erizos, salvo que estén muy sucios. En ese caso, lo haremos con agua templada y les daremos un lugar cálido en el que puedan bañarse.

09

LOS PECES

El traslado del pez desde la tienda a casa es uno de los momentos cruciales, al que debemos prestarle mucha atención y realizar con sumo cuidado. La tasa de mortalidad de los peces en el primer momento de llegada a su acuario es alta, y se debe al estrés que produce su transporte y la adaptación al nuevo ambiente.

La temperatura es un factor crucial en el traslado de los peces, porque dependen directamente de la temperatura que tenga su ambiente, y los cambios pueden producir un shock tan fuerte que los puede llevar a la muerte. El grado de estrés dependerá de la diferencia térmica entre el agua del transporte y la nueva, y será peor cuando pase de una temperatura baja a una muy alta.

La salinidad también influye, porque los peces son muy sensibles a los cambios bruscos de sal en el agua. Incluso las variaciones en el pH también influyen, ya que estos animales tienen un pH interno específico que debe ser respetado.

Al transportar a un pez, el pH es más bajo debido al CO_2 que produce la respiración del pez, y mientras más tiempo dure el transporte, menor será el pH.

Para realizar un traslado exitoso capaz de reducir la mortalidad debemos seguir algunos consejos:

1. Fase de colocación

Abriremos la misma bolsa en que viene el pez y la dejaremos flotar en el acuario para que tome la temperatura adecuada.

2. Fase de adaptación

Una vez que tome la misma temperatura, cambiaremos al pez a un recipiente con su agua de transporte.

3. Fase de oxigenación

Colocaremos un difusor de aire conectado a un compresor para mantener una buena concentración de oxígeno.

4. Fase de vinculación acuática

Vaciaremos un tercio del agua de transporte en un recipiente aparte y sustituiremos por agua del mismo acuario. De este modo los peces se acostumbran poco a poco a las nuevas condiciones acuáticas.

▸ Repetiremos este proceso después de un cuarto de hora.

5. Fase de introducción en hábitat

Tras la fase anterior los peces estarán óptimamente para su traslado definitivo al acuario, donde se introducirán, lentamente, con el debido cuidado.

▸ No debemos introducir jamás los peces sin que hayan pasado previamente por la fase de vinculación acuática.

▸ Prestaremos especial atención a que el agua de transporte no pase al acuario.

6. Fase de oscuridad

Una vez terminemos con el proceso, apagaremos la luz y no haremos ningún cambio más en las instalaciones del acuario para que los otros peces no le den un mal recibimiento.

LOCALIZANDO UN LUGAR PARA EL ANIMAL

Una vez que decidamos qué tipo de pez queremos como mascota, debemos instalar el acuario y tenerlo acondicionado para recibir luego al animal.

Podemos comenzar con un acuario básico y luego, paulatinamente, incorporar accesorios adicionales si son necesarios. Este tipo de actuación nos permitirá una mayor interactividad con nuestras mascotas.

Quienes tienen experiencia en acuarios aseguran que es más sencillo mantener un acuario grande que uno pequeño, así que empezaremos con el acuario más grande que el espacio y el presupuesto nos permitan.

Es evidente que la elección del tamaño de nuestro acuario siempre dependerá directamente del tipo de peces que queramos tener. Por ejemplo, los de agua fría requieren un poco más de espacio que los peces tropicales. Al tiempo conviene no olvidar que quizá desearemos incorporar también vegetación acuática y adornos.

Uno de los elementos que más nos facilitarán la tarea de mantenimiento es un sistema filtrante. Esto, que parece una gran complejidad, en el acuario se resuelve de una manera muy sencilla y económica. Está compuesto por las piedritas del fondo, unas placas plásticas que se ubican debajo de las piedritas y las burbujas de aire que salen por los tubos (o picos). El equipamiento del filtro se complementa con unos metros de manguerita, un aireador (o bomba de aire) y unas conexiones y reguladores de aire. Así nos aseguramos que el acuario se mantenga limpio y saludable sin mucho esfuerzo.

Otra cuestión que debemos resolver es el agua. Sería aconsejable la de lluvia, pero también sirve la que tenemos en nuestro hogar, aunque con algunas precauciones. Tendremos que liberarla de cloro, dejándola estancada cuatro o cinco días y revolviéndola a diario con un palo.

Además, sabemos que el agua puede contener mayor o menor cantidad de sales disueltas, lo que determina su mayor o menor dureza. Esto es importante porque hay peces que, por sus característisticas, requieren agua blanda, mientras que a otros se les debe acondicionar en aguas duras. Una gran mayoría se adaptan y viven naturalmente en aguas intermedias. Según el tipo de agua que haya en nuestra región elegiremos los peces que tendremos, y para ello buscaremos el asesoramiento de un profesional.

Las plantas no son un mero ornamento del acuario. Son importantes sobre todo porque producen oxígeno y fomentan la desintegración de las materias nocivas; por ejemplo, las procedentes de los excrementos de los peces. En el acuario, las plantas son el soporte de desove y ofrecen escondite para los peces tímidos. Frecuentemente las plantas sirven también como límites de territorio naturales. Por tanto, el cuidado de las plantas acuáticas no es solamente cuestión de estética. Unas plantas acuáticas sanas mejoran las condiciones vitales de los peces en el acuario, y contribuyen a obtener y mantener un equilibrio biológico óptimo de la instalación.

Para que las plantas naturales sobrevivan en el acuario es necesario que haya una capa de unos seis u ocho centímetros de arena que no sea ni muy fina ni muy gruesa. Y es que las plantas acuáticas no se alimentan a través de sus raíces, sino que lo hacen por las hojas, por lo que la capa de arena debe ser lo suficientemente gruesa para que las raíces permitan la sujeción de la planta, pero no más.

Como mencionábamos, la arena en el fondo del acuario tiene suma importancia, y no sólo para las plantas. En principio, no debe ser muy fina, porque normalmente se aprieta y dificulta el libre crecimiento de las plantas. Si se utiliza esta arena, debe mezclarse con otra gruesa, aunque no demasiado, pues taparía los alimentos y residuos de los peces, les impediría alimentarse y se producirían hongos.

La arena se lava en un cubo, cambiando varias veces el agua hasta tener certeza de que no quedan rastros de tierra ni impurezas. Luego se vuelca lentamente al acuario hasta formar una capa de unos tres dedos de espesor con una nivelación de mayor a menor, del fondo al frente, por dos motivos: primero, porque la basura se irá acumulando en el frente junto al vidrio y será más fácil sacarla, y segundo, por una cuestión estética, ya que de esta manera los peces representan su visión como colocados en un plano en que la visual los abarca por completo, quedando escalonados.

LA HIGIENE DEL ACUARIO

El mantenimiento de un acuario no da mucho más trabajo del que pudiese generar un florido balcón, por poner un ejemplo. Con una o dos horas semanales de trabajo tendremos más que suficiente. Una

LA UBICACIÓN DEL ACUARIO

▸ Antes de llenar el acuario tenemos que colocarlo en su lugar definitivo, que será sobre una superficie plana y que resista su peso con el agua.

▸ Comprobaremos que no pierda al llenarlo y verificaremos que no tenga nunca marcas interiores de suciedad del aceite de la masilla. Si las tiene, pasaremos un paño humedecido en alcohol, luego aclararemos con agua limpia.

▸ Debe estar ubicado cerca de un enchufe, y lejos de cualquier mobiliario que pueda estropearse con el agua, incluso bibliotecas o equipos electrónicos que puedan verse afectados por la humedad.

▸ Debemos calcular un espacio para colocar iluminación sobre el acuario, pero también para introducir manos, redes, etcétera.

▸ Podemos colocar entre el acuario y la superficie de apoyo una placa de algún material que absorba las vibraciones y que evite que el cristal de apoyo pueda rajarse.

vez al mes deberemos dedicar una mañana o una tarde a llevar a cabo una limpieza más concienzuda, y una vez al año deberíamos desmontar por completo nuestro acuario, limpiar y sustituir los elementos degradados y volverlo a montar.

La mayor parte del tiempo que dedicaremos a nuestro acuario lo pasaremos llevando a cabo cambios de agua y extrayendo la suciedad presente. Debemos estar pendientes de cambiar una porción del agua por semana. Esta porción puede ser el 10 por ciento del total del líquido. Eso sí: no se trata de sustituir el agua evaporada, sino de cambiar el 10 por ciento del líquido por uno totalmente nuevo.

También es importante que controlemos la producción de sustancias de desecho. Está claro que es imposible evitar que se produzcan desechos orgánicos, puesto que las criaturas vivas los producen, y en un acuario hay peces y plantas. Sin embargo, sí podemos tratar de evitar que se acumule más materia orgánica de la absolutamente necesaria con algunas sencillas pautas, con lo que lograremos espaciar aún más los cambios periódicos de agua.

▸ **No superpoblar el acuario.** Si aumentamos el número de peces que viven en nuestro tanque por encima de lo aceptable, generaremos una cantidad de desechos que nuestro filtro biológico va a ser incapaz de transformar.

▸ **No sobrealimentar a los peces.** Si les damos más comida de la necesaria, como es lógico, vamos a aumentar la cantidad de residuos orgánicos en nuestros acuarios de una manera importante, ya sea por los restos de comida como por una mayor defecación de los propios peces.

▸ **El funcionamiento del filtro biológico ha de ser óptimo.** Si el filtro funciona bien, las bacterias que en él habitan ya nos están haciendo una parte del trabajo.

▸ **Buscar «colaboradores».** Hay peces que se encargan de comer los desechos que los demás dejan, o incluso de limpiar los restos de algas que puedan quedar en la pecera. En la tienda nos pueden recomendar el adecuado para nuestro acuario.

LA ALIMENTACIÓN

En contra de lo que muchos piensan, no es cierto que deban comer una vez al día. Tres a cuatro comidas al día en primavera-verano y dos en otoño-invierno serán lo adecuado. Así, además, podremos controlar mejor cuánto están comiendo. De hecho, la cantidad a suministrar será la que consuman en menos de dos o tres minutos. Si en la primera comida les sobró alimento, la próxima vez le daremos menos, y viceversa.

A la hora de armar nuestro acuario, deberíamos tener en cuenta que hay peces que se alimentan en la superficie, otros a media agua y quienes lo hacen en el fondo. Tener un grupo de cada uno dará vida al acuario en todos sus niveles y no habrá excedentes sin aprovechar.

PRINCIPALES ENFERMEDADES

En los peces, como en cualquier especie animal, la prevención juega un papel fundamental para evitar enfermedades; además debemos tener en cuenta que, a diferencia de los perros, gatos u otras mascotas, adolecen de la capacidad de comunicación para con sus amos. Muchas veces los peces mueren sin razón aparente, pero siempre hay una y debe ser investigada, sobre todo porque así podremos evitar que sus compañeros de acuario sufran la misma suerte.

Los peces tienen sus enemigos que atentan contra su bienestar, como parásitos, disfunciones orgánicas, exceso de alimento, carencia de oxígeno, y hasta daños mecánicos producto de peleas. Los parásitos encabezan la lista de enfermedades más frecuentes de los acuarios, por la rapidez con que pueden diezmar su población, y llegan con la adquisición de nuevos peces.

Entre los comportamientos extraños de los peces está el aumento de agresividad, frote del cuerpo contra el fondo del acuario, ladeo al nadar por perder el equilibrio, lentitud, tristeza (no despliega su aleta caudal), se esconde, pasa más tiempo en la superficie o tiene la respiración acelerada.

Si tenemos muchos peces, nos conviene contar con un tanque alternativo de emergencia para tratar enfermedades. También se recomiendan los baños de sal para distintas enfermedades. Siempre es bueno consultar a un especialista en caso de detectar comportamientos anómalos en los peces. Algunas de las enfermedades que podría tener nuestra mascota son:

▶ **Deficiencia de oxígeno.** El agua cálida tiene menos capacidad de retener oxígeno que el agua fría. Esta deficiencia puede contribuir a desarrollar enfermedades en los peces.

▶ **Estrés.** Los cambios de acuario, la manipulación o el acoso de peces dominantes pueden causar estrés crónico en algunos peces especialmente delicados.

El estrés puede provocar la muerte por inanición y se manifiesta corporalmente al oscurecerse el cuerpo o deshilacharse las aletas. Una buena solución de tratamiento puede ser reorganizar las rocas del acuario para asegurar una adecuada guarida de los peces más indefensos.

▶ **ICH.** La ichthyophthiriasis es el nombre de un hongo de color blanco y de forma esférica que puede atacar las aletas de los peces, plegándolas o deshilachándolas, asumiendo un color blancuzco y a veces rojo en la base de las aletas.

▶ **Intoxicaciones.** Pueden provocar la muerte de los peces. La cloración y las cloraminas del agua pueden ser fatales y deben eliminarse. El agua mantenida durante mucho tiempo también puede acumular toxinas producidas por los propios peces y causar su muerte, por lo que es esencial hacer cambios rutinarios de agua como prevención.

▸ **Congestión de las aletas.** Se manifiesta con el enrojecimiento en la base de las aletas. Lo ocasiona una temperatura inadecuada o sobrealimentación.

▸ **Constipación.** Lo ocasiona una alimentación inadecuada. Se hincha el vientre, se vuelve más lento y no produce materia fecal.

▸ **Aletas caídas.** Es señal de enfermedad, pero la causa más frecuente es por un exceso de microorganismos en el agua y se debe a sobrealimentación. Se recomienda cambiar parte del agua. Como método complementario de tratamiento, debemos verificar qué tipo de alimento estamos suministrando a nuestras mascotas. A veces un cambio de marca alimenticia implica que demos de comer a nuestros peces mayor cantidad vitamínica de la que realmente precisan. Por supuesto debemos verificar que las dosis suministradas sean las correctas.

▸ **Piel viscosa.** Se muestra como un velo blanco en el cuerpo. Se aprecia fácilmente en ejemplares de piel oscura y suele atacar a los peces débiles.

DE VIAJE

Si pensábamos pasar nuestras próximas vacaciones en compañía de nuestra mascota, tendremos que ir olvidándonos del asunto. Un acuario nunca debe moverse, salvo en casos verdaderamente excepcionales y por motivos inaplazables.

Si debemos ausentarnos, dejaremos a nuestras mascotas acuáticas en casa, pero sin desatender su cuidado. Instalaremos un comedero automático para asegurarles el alimento y, si el viaje se va a prolongar durante más de quince días, pediremos a una persona de confianza que se ocupe de la limpieza del agua.